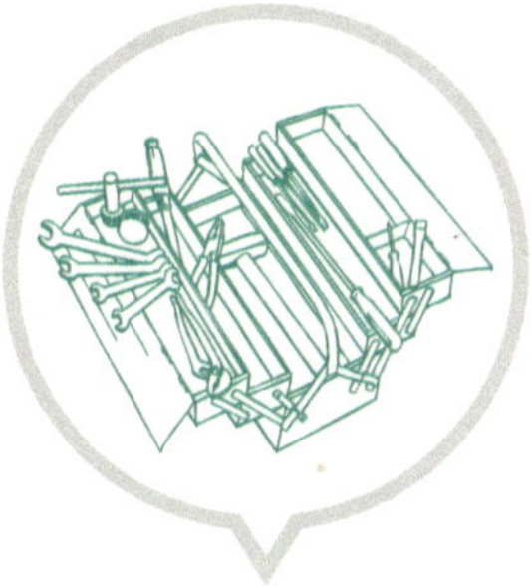

房地产开发流程管理工具箱

项目土地获取

天火同人房地产研究中心 组织编写

化学工业出版社
·北京·

内容提要

本套图书重新梳理了最新的房地产开发流程，按照标准化运作的要求，整理了开发商所需要用到的项目运营动作及管理制度，以项目前期投资决策为起点，依次包括项目立项管理、规划设计、成本预算、施工管理等十个关键环节，为开发商建立起一套标准化运作的参考体系。

本册书内容为项目土地获取环节，依次讲解了土地信息收集、地块可行性分析、土地竞拍执行流程、项目立项管理等内容。在每一个操作环节中，先以基础的理论剖析，介绍了实际开发过程中的注意点以及容易陷入的误区，紧接着详细介绍了土地获取中各步骤的详细工作步骤，最后整理了每个环节所用到的工作表格、工作流程图等，理论结合实际的工作图表，实用性较强。

图书在版编目(CIP)数据

房地产开发流程管理工具箱. 项目土地获取 / 天火同人房地产研究中心组织编写. –北京：化学工业出版社，2015.3（2019.11重印）
ISBN 978-7-122-23021-8

Ⅰ. ①房… Ⅱ. ①天… Ⅲ. ①房地产–土地经营
Ⅳ. ①F293.3

中国版本图书馆CIP数据核字(2015)第029823号

责任编辑：王　斌　邹　宁　　　装帧设计：杨春烨　林德才

出版发行：化学工业出版社(北京市东城区青年湖南街13号　邮政编码100011)
印　　装：北京虎彩文化传播有限公司
710 mm × 1000 mm　1/16　印张 14½　字数 225千字　2019年11月北京第1版第6次印刷

购书咨询：010-64518888　　售后服务：010-64518899
网　　址：http://www.cip.com.cn
凡购买本书，如有缺损质量问题，本社销售中心负责调换。

定　　价：58.00 元

策划单位：天火同人工作室

编写单位：天火同人房地产研究中心

参编人员：

刘丽娟　龙　镇　肖　鹏　张　杨　敖　勇　周国伟
赵　俏　吴仲津　曾庆伟　林樱如　邓沈穗　蔡丽诗
杨春烨　樊　娟　叶雯枞　王晓丽　李中石　卜昆鹏
刘丽伟　成文冠　孙权辉　林燕贞　林德才　张连杰
王　咏　曾　欢　舒立军　孟晓艳　孙树学　马玉玲
刘　娜　郭林慧　刘思明　李明辉　曾　艳　王丽君
卜华伟　张墨菊　廖金柱　严　昆

执行编辑：吴仲津　曾庆伟

美术设计：杨春烨

设计创意：广州恒烨广告设计有限公司

目录 CONTENTS

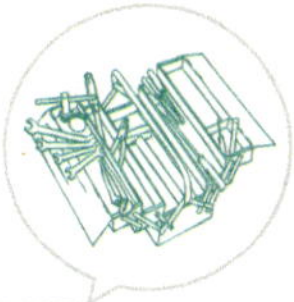

目录 CONTENTS

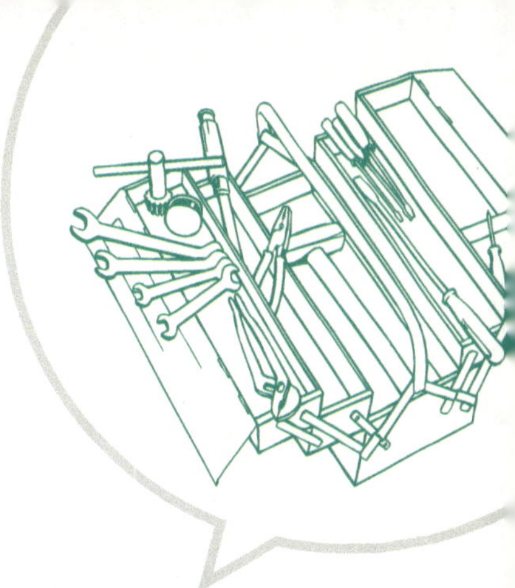

第一章
ChapterONE

土地管理制度

了解房地产之前需要了解我国土地政策与制度。

土地制度

土地所有制
耕地保护制度
土地征收制度
土地登记制度
土地有偿使用制度

建设用地管理

建设用地供应制度
国有建设用地管理
农村集体建设用地管理

第一节

土地制度

土地制度是一个社会的基本经济制度，它是一定社会历史条件下土地经济运行中各种经济规则和关系的总和。

一 土地所有制

我国实行土地公有制，即城镇土地国有和农村土地集体所有。

城镇土地所有权归国家所有，由国务院代表国家行使，用地单位和个人只有使用权。农村土地所有权归集体所有，由村集体经济组织或者村民委员会经营、管理。

其中，已经分别属于村内两个以上农村集体经济组织的农民集体所有的，由村内各该农村集体经济组织或者村民小组经营、管理；已经属于乡（镇）农民集体所有的，由乡（镇）农村集体经济组织经营、管理。

集体所有制土地不能直接进入城市土地市场，必须经过土地征用转化为国有土地。

表 1-1：不同性质土地类别

不同性质土地	土地类别
国有土地	①城市市区土地； ②农村和城市郊区中已经依法没收、征用、征购为国有的土地； ③国家依法征用的土地； ④依法不属于集体所有的土地、草地、荒地、滩涂及其他土地； ⑤农村集体经济组织全部成员转为城镇居民的，原属于其成员集体所有的土地； ⑥因国家组织移民、自然灾害等原因，农民成建制地集体迁移后不再使用的原属于迁移农民集体所有的土地
集体土地	①村农民集体所有土地； ②村内两个以上农村集体经济组织的农民集体所有土地； ③乡（镇）农民集体所有土地

链接

各国土地所有制形式

表 1-2：各国土地所有制形式

模式		代表国家	
市场模式	完全市场模式	美国	日本
	以土地私有制为基础，土地私有，允许买卖，价格由供求关系决定	美国土地有三种所有形式：私人土地、联邦土地、州政府土地。其中，私人土地占美国国土面积的59%，主要分布在东部和中部；联邦政府土地为32%，主要分布在西部地区；州政府土地7%；另有2%为印第安人保留地	日本现行土地所有制，共分为三种主要形式：国家所有，公共所有，个人与法人所有。 公共所有是指都道府县市町村等地方公共团体所有；土地的个人所有与法人所有都属于私人所有，构成私有制的主体。 按土地面积划分，日本目前属于国家所有的土地面积占全部国土面积的23.7%；属于公共所有的土地面积约占国土面积的5.6%；其余60.7%的土地属于个人和法人所有

模式		代表国家	
	国家控制的市场模式	英国	英联邦——加拿大
	土地属于国家（或皇家）所有，使用土地通过批租获得，国家控制土地市场并获得大量批租收入	英国土地虽然在法律上属于英王（国家）所有，但完全拥有土地权益（即拥有永业权）的土地持有人实际上是该土地的所有者，只要他不违反土地法、土地规划或侵犯他人利益，就可以随心所欲地利用和处分土地； 永业权包含无条件继承的土地产业权；限定继承的土地产业权；终身保有的土地产业权	加拿大的全部土地与英国本土一样，最终所有权均属于英王。加拿大现行土地所有制分联邦公有、省公有和私人所有三种形式。私有土地比重不大，还不到总面积的 11%，但主要分布在国土南端土地肥沃的地带。全国的城镇土地、上好良田、牧场等经济效益较高的土地，大部分被私人占有。其余约 89%以上是公有土地，其中 41%属联邦政府所有，48%属各省政府所有
非市场模式	建立在土地公有制基础上，土地属于国家，使用土地一律由国家统一安排无偿使用	原苏联	中国

二 耕地保护制度

耕地保护是指运用法律、行政、经济、技术等手段和措施，对耕地数量和质量进行的保护。我国建立的耕地保护制度有三类：土地用途管制制度、占用耕地补偿制度、基本农田保护制度等。

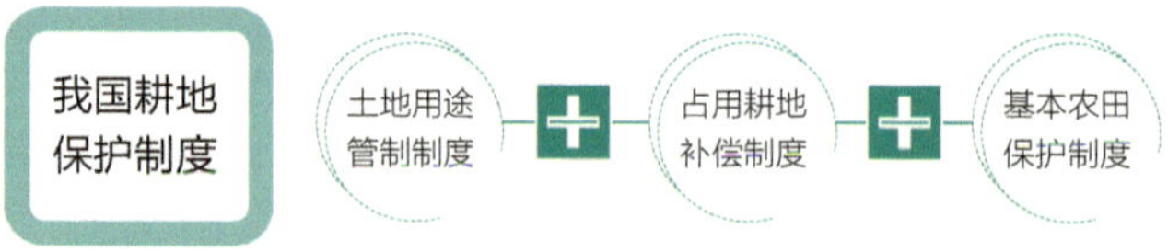

图 1-1 我国耕地保护制度

1 土地用途管制制度

土地用途管制制度是《土地管理法》确定的加强土地资源管理的基本制度。通过严格按照土地利用总体规划确定的用途和土地利用计划的安排使用土地，严格控制占用农用地特别是耕地，实现土地资源合理配置，合理利用，从而保证耕地数量稳定。其核心是依据土地利用总体规划对土地用途转变实行严格控制。

（1）土地用途管制制度的重要性

我国目前人地矛盾紧张，实施土地用途管制制度有其现实的必然性和重要意义，体现在以下两方面：

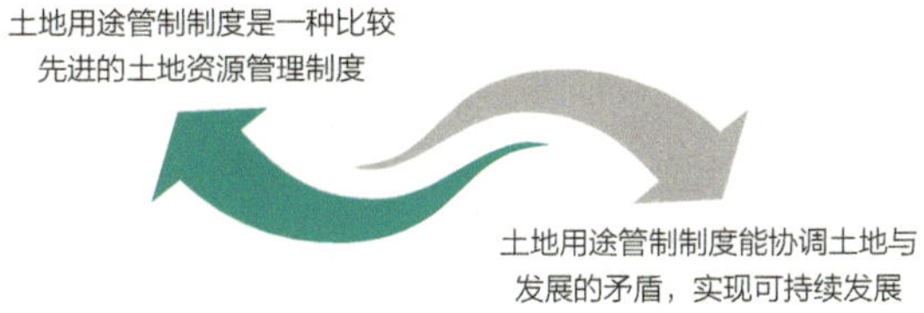

图 1-2 土地用途管制制度的重要性体现

比较先进的土地资源管理制度

通过强化政府对土地利用的调控力度，逐步形成以土地规划为依据的土地用途管理制度，有效规避土地不合理利用和浪费现象。土地用途管制制度还可以解决我国分级限额审批制的弊端，实现整体利用效率最大化。

能协调土地与发展的矛盾，实现可持续发展

土地用途管制制度能消除土地利用中不利的外部影响，保护环境，实现土地可持续利用。

（2）土地用途管制工作内容

土地用途管制度是一项强制性管理制度。按照土地用途管制的要求，对土地资源进行用途分类并登记，根据土地利用总体规划和年度供地计划，把好农用地转用、土地征收审批关，依法征地并严格执行征地补偿安置制度。

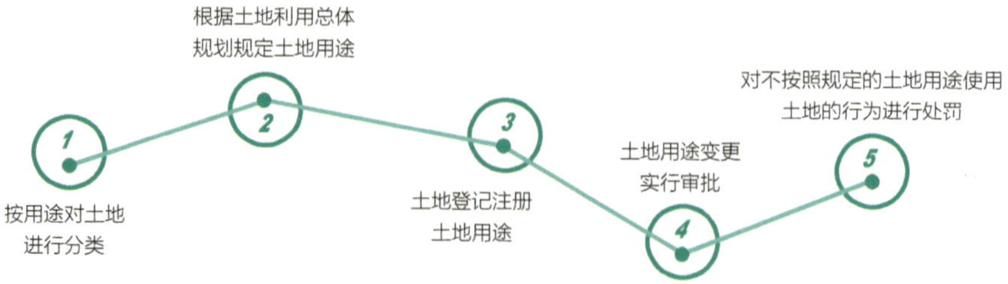

图 1-3 土地用途管制工作内容

按用途对土地进行分类

为实施土地用途管制，《土地管理法》将土地按用途分为三大类型，即农用地、建设用地和未利用地。不同用途的土地，其用途管制的具体内容不同。

表 1-3：土地分类管制表

土地用途分类	具体情况
农用地用途管制	农用地管制是使用土地的单位和个人必须严格按照土地利用总体规划确定的农用地用途使用土地，农用地内部地类变更必须依据土地利用总体规划，经依法批准后进行
	农地非农化管制在于限制农地转化为非农地，特别是严格限制耕地转化为非农地
建设用地用途管制	按土地利用总体规划规定的用途合理使用土地； 控制建设用地总量； 城市建设用地规模符合国家规定的标准，充分利用现有建设用地、不占或少占农用地；严格建设用地审批管理
未利用地土地用途管制	禁止不符合土地利用总体规划，破坏自然生态环境的土地开发； 鼓励对未利用地进行科学的开发利用； 鼓励对废弃渠道、公路、零星坑塘水面、盐碱地的利用，利用各种方式进行土地整理

根据土地利用总体规划规定土地用途

国家通过法律途径赋予土地利用总体规划高度的调控权威。土地利用总体规划可以分为全国性省级规划和县、乡级土地利用规划。

图 1-4 土地利用总体规划分类

土地利用总体规划划分的土地用途分区一般有 10 类：基本农田保护区、一般农田区、园地利用区、林业用地区、牧草地用地区、城镇建设用地区、农村居民点用地区、工矿用地区、交通水利等基础设施用地区、生态保护用地区等。

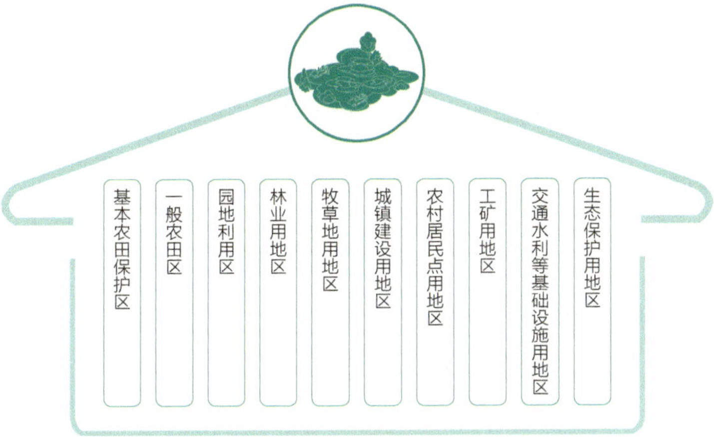

图 1-5 土地用途分区

表 1-4：不同区域土地利用总体规划分类

土地利用总体规划分类	具体工作
全国性和省级规划	在全国或省域范围内从宏观上统筹安排用地，重点是制定土地利用政策、确定土地利用约束性控制指标，确保各类用地结构、规模与布局的宏观控制，实现土地合理利用
县、乡级土地利用总体规划	依据上级规划下达的控制指标和本地的土地利用状况、自然条件、经济发展状况划分土地利用区，确定各区利用规模与布局，制定分区管制规则，为土地用途管制提供依据

土地登记注册土地用途

土地用途登记是土地用途管制的权利保障。实行土地用途管制，要求明确土地权利人的土地用途，进行土地用途登记，使权利人土地用途的权利内容在法律上得到保障。

城镇土地登记中土地用途主要分为工业用地、居住用地和商业用地，每类用地中还可以进一步细分。农村土地登记中土地用途主要有宅基地，乡镇企业用地参照城镇用地用途划分，农村集体土地所有权登记土地用途按土地利用现状分类用途和面积进行登记。

土地用途变更实行审批

实现土地用途管制的关键是农用地转用审批。建设需要占用农用地的，必须在土地利用总体规划确定的建设用地范围内安排，符合土地利用总体规划和产业政策的建设项目，按照法定审批程序和权限，依法批准后，方可将农用地转为建设用地；不符合土地利用总体规划的不予批准，确需占用的必须按《土地管理法》的有关规定，调整土地利用总体规划，并经原批准机关批准后，方可办理农用地转用审批手续。

对不按照规定的土地用途使用土地的行为进行处罚

国家制定严厉的土地管制法律，特别是对国家如何管理耕地应有法律依据，法律责任是土地用途管制的强有力后盾。对于非法占用土地，擅自改变土地用途的行为要按照《土地管理法》等有关法律法规严厉处罚。

2 耕地总量动态平衡和占补平衡制度

耕地数量的动态平衡，指的是各级政府应当严格执行土地利用总体规划，采取措施，确保本行政区内耕地总量不减少。为此，国家建立了耕地保护目标责任制，规定各省、自治区、直辖市人民政府对本行政区域内的耕地保有量和基本农田保护面积负责，省长、主席、市长为第一责任人。

耕地占补平衡制度，规定非农业建设经批准占用耕地的，必须按照“占多少，垦多少”的原则，由占用耕地的单位负责开垦与所占用耕地的数量和质量相当的耕地。没有条件开垦或者开垦不符合要求的，应当按照规定的标准缴纳开垦费，专项用于开垦新的耕地。

3 基本农田保护制度

基本农田的定义是指按照一定时期人口和社会经济发展对农产品的需求，依据土地利用总体规划确定的不得占用的耕地。土地管理法规定，划定的基本农田应当占本行政区域内耕地的 80% 以上，并对基本农田保护区内的耕地实行特殊保护。

三 土地征收制度

我国的土地征收是国家依法将集体所有土地转为国家所有并给予补偿的行为。征收的实质，是国家强制性取得集体土地的所有权，意味着所有权性质的改变。征收虽然具有强制性特征，但仍属于一种商品交换关系，属于民事法律调整范围。

1 土地征收制度

土地征收制度是我国基本土地法律制度之一。在征收土地时要依据相关法律法规规定进行上报审批，遵循一定征收流程，按时支付相关补偿费用。

（1）土地征收权限

根据《土地管理法》设置土地征收权限，制定分级管理制度。目前，征收土地实行国务院和省级人民政府两级审批制度。

表 1-5：土地征收两级审批制度

国务院征收批准权限		省级人民政府征收批准权限	
报国务院审批		由省级人民政府批准，并报国务院备案	
①	基本农田，即依照土地利用总体规划和《基本农田保护条例》划入基本农田保护区，禁止占用的耕地	①	基本农田以外的耕地 35 公顷以内的
②	基本农田以外的耕地超过 35 公顷的	②	其他土地 70 公顷以内的
③	包括了耕地之外的所有土地； 土地总面积超过 70 公顷； 征用耕地 35 公顷以下其他土地 70 公顷以下； 征用耕地和其他土地两项之和超过 70 公顷		
在征收土地的审批中，要征收农用地，首先要办理农用地转用，或同时办理农用地转用审批			

链接

土地征收与土地征用的区别和联系

我国《宪法》和《土地管理法》2004 年修正或修改前，没有区分“征收”和“征用”的不同，统称“征用”。2004 年 3 月 14 日，十届全国人大二次会议通过了宪法修正案，将第十条第三款修改为:"国家为了公共利益的需要,可以依照法律规定对土地实行征收或者征用并给予补偿。"第一次在宪法中明确了征收和征用两种土地流转方式。

征用土地是指国家为了公共利益的需要,依法强制使用集体土地并给予补偿,在使用完毕后再将土地归还集体的一种行为。土地征用有以下特点:一,土地征用法律关系主体双方是特定的,征用方只能是国家,被征用方只能是所征土地的所有者,即农民集体;二,征用土地具有强制性;三,征用土地具有补偿性;四,征用土地将发生土地使用权转移,土地所有权仍然属于农民集体,征用条件结束需将土地交还给农民集体。

土地征收与土地征用既有共同之处,又有不同之处。共同之处:一是为了公共利益需要,二是都要经过法定程序,三是都要依法给予补偿。土地征收与土地征用的区别如下:

表 1-6:土地征收与征用的区别

区别	土地征收	土地征用
法律效果(两者最主要、也是最本质的区别)	土地所有权的改变	土地使用权的临时改变
补偿	在土地征收的情况下,不存在返还的问题。由于土地征收是所有权的转移,对其作出的补偿也相对更高	在土地征用的情况下,如果标的物没有毁损灭失,就应当返还原物,如果标的物征用后毁损灭失的,应当给予补偿
适用条件	即使不存在紧急状态,为了公共利益的需要也可以实施土地征收	土地征用一般适用于临时性的紧急状态,也适用于临时性的公共用途
法律	土地征收主要适用土地法和城市规划法	土地征用适用的多是调整紧急状态的法律
适用程序	土地征收要发生所有权的转移,所以土地征收的程序比土地征用更为严格	

(2)土地征收特征

一般认为,土地征收制度普遍具有以下四个特征:公共目的性、强制性、补偿性和土地权属转移性等。

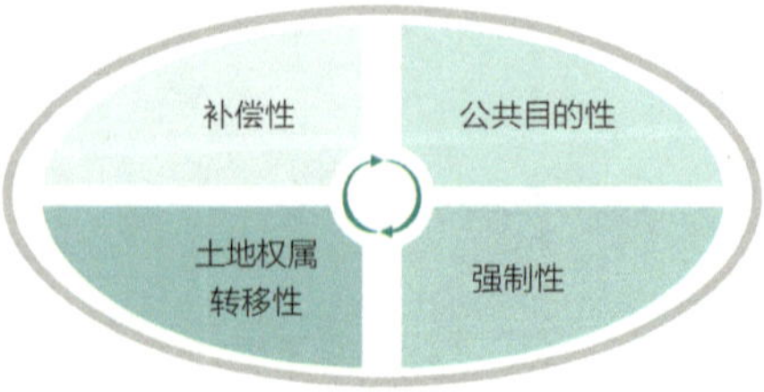

图 1-6 土地征用特征

特征 1：公共目的性

国家征收土地时，是以公共利益为目的。公共目的性是土地征用权合理行使的唯一标准。

特征 2：强制性

国家建设征收其他民事主体土地的行为，不是民事法律行为，而是国家依照法律规定和程序所实施的国家行为。国家在进行土地征用时，不以征得的土地所有人的同意为必要，被征地主体必须服从，除非土地征用违反了法律规定及征地程序，否则不得以任何理由及方式加以阻挠。土地征收是以国家公权利为依据而进行的，具有强制性的行政行为。

特征 3：土地权属转移性

因公共利益需要，国家限制被征收者对其土地的自由处分，将相应产权向国家转移，包括土地所有权和地役权。

在我国，土地征收权属转移主要是指集体土地所有权向国有土地所有权的转移，并且这种权属转移具有单向流动性，只能由集体土地所有权转变为国家土地所有权，反之不成立。同时，伴随着所有权的转移，使用权也发生了相应转移，即由原来的农民使用变为建设单位使用，土地征收后，国家获得土地所有权，然后通过划拨、出让、出租等方式将土地使用权让渡给用地单位。

特征 4：补偿性

土地征收是基于公共利益而实施的，当国家牺牲无责任特定人的合法权益以满足其他社会成员的利益需求，从而破坏原有利益分布格局时，就必须对受损害的特定成员报以公平合理的补偿，以体现公平、正义。

（3）土地征收流程

《土地管理法》对征地程序作出规定，在征地过程中实施“一登记二公告”制度。

一登记

在征地经批准后，被征收土地的所有权人、使用权人在公告规定期限内，持土地权属证书到当地人民政府土地行政主管部门办理征地补偿登记

二公告

被征地土地所有权人办理征地补偿登记，县级以上地方人民政府予以公告
征地补偿安置方案确定后，有关地方人民政府应当公告，并听取被征地的农村集体经济组织和农民的意见

图 1-7 土地征收“一登记二公告”制度

在征地经批准后，被征收土地的所有权人、使用权人应当在公告规定期限内，持土地权属证书到当地人民政府土地行政主管部门办理征地补偿登记，由县级以上地方人民政府予以公告；征地补偿安置方案确定后，有关地方人民政府应当公告，并听取被征地的农村集体经济组织和农民的意见。

链接

国务院对征地程序的规定

为进一步规范征地程序，加快建立和完善征地补偿安置争议的协调和裁决机制，维护被征地农民和用地者的合法权益。国务院 28 号文件对征地程序作出了更为严格的规定：

①在征地依法报批前，要将拟征地的用途、位置、补偿标准、安置途径告知被征地农民；

②对拟征土地现状的调查结果须经被征地农村集体经济组织和农户确认；

③确有必要的，国土资源部门应当依照有关规定组织听证；

④要将被征地农民知情、确认的有关材料作为征地报批的必备材料；

⑤经批准的征地事项，除特殊情况外，应予以公示；

⑥征地补偿安置不落实的，不得强行使用被征土地。

地方政府征地具体执行程序如下图：

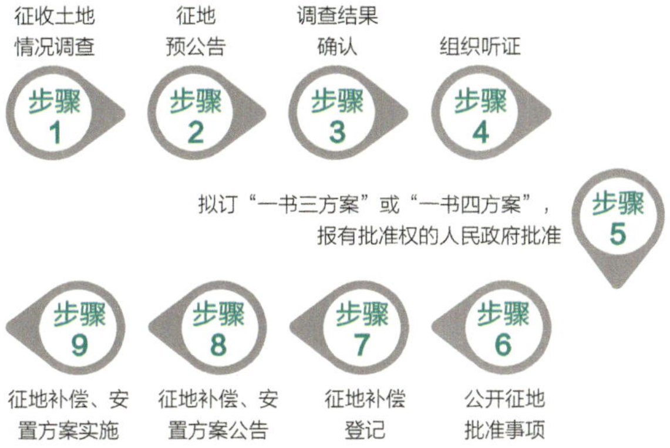

图 1-8 地方政府土地征收具体执行程序

步骤 1. 征收土地情况调查

征收土地情况调查，是指对被拟征收土地的村、组实地调查。征收情况调查步骤如下：

①对拟征收土地的村、组的农业人口、人均耕地、年产值、土地面积等进行全面了解。

②依据土地登记或者土地利用现状调查的土地权属界线协议书核查土地权属，根据土地利用现状调查（变更调查）和勘测定界成果核准土地的地类、面积，确保拟征收土地权属明晰，地类面积准确，基本状况翔实。

③对各村、组的征地调查情况进行汇总，形成土地分类面积表、征收土地数量及安置农业人口情况表和建设拟征（占）地土地权属情况表，初步测算拟征地项目的补偿标准。

步骤 2. 征地预公告

在征收土地依法报批前，市、县国土资源管理部门应将拟征地的用途、位置、补偿标准、安置途径等，以书面形式告知被征地农村集体经济组织和农户。在告知后，凡被征地农村集体经济组织和农户在拟征土地上抢栽、抢种、抢建的地上附着物和青苗，征收土地时一律不予补偿。

步骤 3. 调查结果确认

市、县国土资源管理部门应对拟征收土地的权属、地类、面积以及地上附着物（含房屋）权属、种类、数量、结构等现状进行调查和证据保全，将调查结果与被征地农村集体经济组织、农户和地上附着物产权人共同确认。在调查确认中，对拒不在调查表中签字盖章确认的，由被征地所在乡（镇）、村、组有关人员签字见证调查结果；也可以采用照相、摄像等取证方式，并将结果予以公证，作为实施征地补偿的依据。

步骤 4. 组织听证

在征收土地依法报批前，市、县国土资源管理部门应书面告知被征收土地农村集体经济组织和农户，对拟征收土地的补偿标准、安置途径有申请听证的权利。当事人申请听证的，市、县国土资源管理部门组织听证。

步骤 5. 拟订“一书三方案”或“一书四方案”，报有批准权的人民政府批准

在土地利用总体规划确定的城市建设用地范围内，为实施城市规划占用土地的，由市、县人民政府土地行政主管部门拟订农用地转用方案、补充耕地方案和征收土地方案，编制建设项目用地呈报说明书（即“一书三方案”），经同级人民政府审核同意，上一级土地行政主管部门审查后，报有批准权的人民政府批准。

在土地利用总体规划确定的城市建设用地范围外单独选址的建设项目使用土地的，建设单位应当向土地所在地的市、县人民政府土地行政主管部门提出用地申请。市、县人民政府土地行政主管部门对材料齐全、符合条件的建设用地申请，应当受理，并在收到申请之日起 30 日内拟订农用地转用方案、补充耕地方案、征用土地方案和供地方案，编制建设项目用地呈报说明书（即“一书四方案”），经同级人民政府审核同意，报上一级土地行政主管部门审查后，报有批准权的人民政府批准。

步骤 6. 公开征地批准事项

征地经批准后，市、县人民政府应当自收到批准文件之日起 10 日内，在被征地村组所在

的乡、镇范围内公告，公告批准征地机关、批准文号、征收土地的用途、范围、面积以及征地补偿标准、农业人员安置办法和办理征地补偿的期限等内容。

步骤 7. 征地补偿登记

被征地所有权人、使用权人应当在公告规定期限内，持土地权属证书到公告指定的人民政府土地行政主管部门办理征地补偿登记。

步骤 8. 征地补偿、安置方案公告

市、县人民政府土地行政主管部门根据已经批准的征收土地方案，会同有关部门拟订征地补偿、安置方案，在被征地所在地的乡（镇）、村予以公告，听取被征地的农村集体经济组织和农民的意见。

步骤 9. 征地补偿、安置方案实施

征地补偿、安置方案报市、县人民政府批准后，由市、县人民政府土地行政主管部门组织实施。对补偿标准有争议的，由县级以上地方人民政府协调；协调不成的，由批准征收土地的人民政府裁决。当事人对裁决机关作出的裁决决定不服的，可在法定期限内依照《中华人民共和国行政复议法》和《中华人民共和国行政诉讼法》的有关规定申请行政复议或者提起行政诉讼。裁决决定中应当告知当事人诉权。征地补偿、安置争议不影响征收土地方案的实施。征地补偿、安置方案实施后，由市、县土地行政主管部门组织有关单位对被征收的土地进行清理。

（4）征地补偿安置

国家征收土地既是一种国家行为，也是农民对国家应尽的一种义务，不是农民向国家卖地。国家对于依法被征用的土地给予一定的补偿，国家对农民支付的补偿费用是按原用途补偿；征地补偿和安置补助的原则是保证被征地农民的生活水平不因征地而降低。即征收土地后，通过补偿、安置补助费的支付和使用，要使被征地单位的农民的生活水平达到或超过征地前的生活水平。了解征地补偿需要了解征地补偿原则，补偿费用种类及其计算方式。

征收土地补偿安置原则

征收土地补偿安置遵循的原则，如下表：

表 1-7：征地补偿原则

序号	征地补偿原则	原则解读
1	按原用途补偿原则	征收土地的，按照被征收土地的原用途给予补偿。即由征收单位按照被征收土地的原用途支付给被征收村、组和农民补偿费用
2	维护被征地农民合法权益原则	即确保被征地农民原有生活水平不因征地而降低，并体现长远生计和未来发展的需要
3	同地同价原则	即同一块土地，征地补偿标准不因征地目的及预期土地用途不同而有差异
4	协调平衡原则	即在同一个区域，征地统一年产值标准确定的补偿标准与区片综合地价应相衔接，新标准应与原征地补偿标准相衔接，不得低于当地原征地补偿标准

征收土地补偿费的种类

征收土地的补偿费一般包括土地补偿费、安置补助费、青苗补偿费以及地上附着物补偿费、社会保障费用等。

表 1-8：征收土地补偿费种类

补偿费类别	具体内容
土地补偿费	国家建设征收土地时，为补偿被征地和原土地使用单位的经济损失而向其支付的款项。其实质是对农民在被征收的土地上的长期投工和投资的补偿
安置补助费	指用地单位对被征地单位安置因征地所造成的多余劳动力所需费用而支付的补助金额
地上附着物和青苗补偿费	被征收土地，在拟定征地方案之前，已种植的青苗和已有的地上附着物，应当给予补偿。所谓青苗是指正在生长尚未成熟的农作物。地上附着物指原土地占有人投入劳动或资金的产物。如地上的固定建筑物或临时性建筑等
社会保障费用	国家建设征收土地时，为保障被征地农民的基本生活和长远生计，对被征地农民支付社会统筹保险费用，对需要安置的农业人口依据不同性别和年龄实行分类安置，支付养老、医疗、失业等社会保障费用，对符合享受城市居民最低生活保障条件的，按规定纳入城市居民最低生活保障费用，或将被征地农民的基本生活纳入城市居民的社会保障体系的费用

征收土地补偿费的计算方式

征收土地补偿费用的计算标准包括年产值倍数法和征地统一年产值标准或区片综合地价法。目前普遍采用的计算方式为年产值倍数法，已制定征地统一年产值标准或征地区片综合地价的地区按照征地统一年产值标准或区片综合地价标准执行。

年产值倍数法

年产值倍数法是根据土地上种植物年产数值跟补偿倍数相乘计算得出补偿金的方法。

土地补偿费和安置补助费年产值倍数核算标准及方式见下表。

表 1-9：土地补偿费和安置补助费年产值倍数补偿计算方法

费用明细	土地补偿费	安置补助费
总计算方式	土地补偿费 = 前三年平均年产值 × 补偿倍数	安置补助费 = 被征收耕地前三年平均年产值 × 补偿倍数
耕地补偿标准	该耕地征收前三年平均年产值的 6 ~ 10 倍	按照需要安置的农业人口数计算，每一个需要安置的农业人口的安置补助费标准为该耕地征收前三年平均年产值的 4~6 倍，但每亩耕地的安置补助费，最高不得超过其年产值的 15 倍
耕地补偿计算方式	根据统计年报表计算出征地前三年该耕地的平均年产量（也可以采取由地方政府根据统计年产量，分区域定出年产量）乘以国家牌价（包括征购价和超购价）或议价（指没有国家牌价的农产品）得出年产值	需要安置的农业人口数按照被征收的耕地数量除以征地前被征地单位平均每人占有耕地的数量计算
其他的土地补偿费标准（园地、鱼塘、藕塘、宅基地、林地、牧草地等）	由省、自治区、直辖市参照征收耕地的补偿标准规定	由省、自治区、直辖市参照征收耕地的安置补助费标准规定
其他要求	按照上述标准支付土地补偿费，尚不能使需要安置的农民保持原有生活水平的，经省、自治区、直辖市人民政府批准，可以增加安置补助费。但是土地补偿费和安置费的总和不得超过土地被征用前三年平均年产值的 30 倍	特殊情况下，计算所得的补偿和安置费不能维持原有生活和生产水平时，经过省、自治区、直辖市人民政府批准，可以适当提高标准；但土地补偿和安置补助费之和，最高不得超过年产值的 30 倍

备注：计算安置补助费，应该认真确定以下几项基本数据：
准确核定征地面积；核定被征地单位的耕地面积、农业人口数，确定征地后农业人口实际占有的耕地面积；
核定被征地土地前三年的产量和产值；
确定土地补偿和安置标准；
计算剩余劳力数量。

关于地上附着物和青苗补偿费，《土地管理法》规定被征收土地的附着物和青苗的补偿费标准，由省、自治区、直辖市自行制定。

表 1-10：地上附着物和青苗补偿费年产值倍数补偿要求

不同类型项目	要求	不同赔偿情况
青苗补偿标准	办理征地手续时，应明确移交土地的时间，使当地村组及早准备，以免造成过多的损失	损坏被征收土地上的青苗，应当给予合理的补偿
		对刚刚播种的农作物，按季产值的三分之一补偿工本费
		成长期的农作物，最高按一季产值补偿
		对于多年生的经济林木，要尽量移植，由用地单位付给移植费；如不能移植必须砍伐的，由用地单位按实际价值补偿
		成材树木，由树木所有者自行砍伐，不予补偿
		对于粮食、油料和蔬菜青苗，能得到收获的，不予补偿
房屋拆迁补偿标准	被征土地上的房屋等设施需要拆迁时，必须在申请征收土地的同时，一并编制计划，上报批准。在国家建设工程开工之前，当地政府帮助拆迁户安排好住房	拆迁房屋按“拆什么，补什么，拆多少，补多少，不低于原来水平”的原则，对所拆迁的房屋，按其原有建筑的结构类型和建筑面积，给予合理补偿。补偿的标准按各地区现行价格分别制定
其他附着物的补偿标准	征用土地需要迁移铁路、公路、高压电线、通讯线、广播线等，要根据具体情况和有关部门进行协商，编制投资概算，列入初步设计概算报批	拆迁农田水利设施及其他配套建筑物、水井、人工鱼塘、养殖场、坟墓、厕所、猪圈等的补偿，参照有关标准，付给迁移费或补偿费
		用地单位占用耕地建房或者从事其他非农业建设时，应当按照《中华人民共和国耕地占用税暂行条例》的规定，缴纳耕地占用税

链接

其他形式征地补偿

大中型水利、水电工程建设征收土地的补偿和移民安置办法，由国务院另行规定。

建设项目施工和地质勘查需要临时占用国有土地或者农民集体所有土地需报有关城市规划行政主管部门和县级人民政府土地行政主管部门批准，获批后，土地使用者应当根据土地权属，与有关土地行政主管部门或者农村集体经济组织、村民委员会签订临时使用土地的合同，并按照合同约定支付临时使用土地的补偿费。

使用期满之后，用地单位负责恢复原有土地的耕作条件，对土地采取妥善的复垦措施；若用地单位一时无力直接承担这部分土地的复垦工作时，可以按恢复土地工作量向当地村组支付土地恢复费，交村组自行恢复。水利、公路、航道建设工程的空地或废弃地，经过平整可以耕种或开展多种经营的，不按征地处理，仍归农村集体所有，建设单位承担平整土地的费用，并补偿该耕地一年的产值。

征地统一年产值标准和区片综合地价测算

征地统一年产值标准和区片综合地价测算都是在一定区域范围内（以县域范围为主），在主导性农用地类别和耕作制度条件下，将以前三年主要农产品平均产量、价格及相关附加收益作为主要计算依据进行补偿地价测算。征地统一年产值标准和区片综合地价测算都考虑被征收耕地的类型、质量、农民对土地的投入、农产品价格及农用地等级等因素。

如用统一年产值标准来测算征地费用，还需综合考虑当地经济发展水平、居民生活水平、被征地农民社会保障需要等其他条件，确定补偿倍数，计算出征地补偿费用。

区片综合地价测算，应当分片区分土地原用途分别确定地价，要考虑原土地地类、产值、土地区位、农用地等级、人均耕地数量、土地供求关系、当地经济发展水平和城镇居民最低生活保障水平等多方面因素，并应充分吸收农用地定级成果。

征地区片综合地价可采用农用地价格因素修正法、征地案例比较法和年产值倍数法等进行测算，也可以根据本地区实际情况采用其他合适的方法进行测算。征地区片综合地价要采用多种方法合理测算，在两种或三种方法测算结果的基础上综合平衡确定。无论何种方式，都应当划分区片，并按照土地原用途归类测算。

表 1-11：征地区片综合地价三种测算方法

测算方法	计算依据
农用地价格因素法	主要以农用地价格为基础，同时考虑人均耕地数量和城镇居民最低生活保障水平等因素进行修正
征地案例比较法	根据本区片和其他可比区片征地案例的实际补偿标准，进行比较确定征地区片价
年产值倍数法	根据年产值倍数分别计算土地补偿费和安置补助费确定征地区片价

全国各地经济发展水平不一，征地基础性工作也不尽相同。由于制定征地统一年产值标准与现行法律衔接得比较紧，应该说适宜性比较强，各地都可以实行；制定征地区片综合地价受经济发展水平、城镇社会保障水平、农用地分等定级工作进展情况等因素限制，比较适宜于大中城市建设用地范围。

在同一地区内两种补偿办法也可以并用，如浙江省大中城市，建设用地规划范围内征地实行区片综合地价，范围外征地实行统一年产值标准，说明两种补偿办法并用是完全可行的。

但实行两种补偿办法的相邻区域，测算的补偿标准应通盘考虑、协调平衡，使被征地农民易于接受。

征地补偿费的支付与分配

征收土地的各项费用应当自征地补偿安置方案批准之日起3个月内全额支付给被征收土地的农村集体组织或农民个人。有条件的地方，土地补偿费、安置补助费以及地上附着物和青苗补偿费等相关费用中应当支付给被征地农民的部分，可以根据征地补偿方案，由集体经济组织提供具体名单，通过发放记名银行卡或者存折方式直接发放给被征地农民。

被征地农民参加有关社会保障所需的个人缴费，可以从其所得的土地补偿费、安置补助费中直接缴纳。地方人民政府可以从土地出让收入中安排一部分资金用于补助被征地农民社会保障支出。

征地补偿费的分配是指对土地补偿费、安置补助费、青苗补偿费和地上附着物补偿费等三项费用的分配。

表1-12：征地补偿费分配细则

分配费用	具体细则
土地补偿费	土地补偿费应在农村集体经济组织内部合理分配。具体分配办法按照省级人民政府的有关规定执行； 土地被全部征收，同时农村集体经济组织撤销建制的，土地补偿费应全部用于被征地农民生产生活安置
安置补助费	征收土地的安置补助费用必须专款专用； 需要安置的人员由农村集体经济组织安置的，安置补助费支付给农村集体经济组织； 由其他单位安置的，安置补助费支付给安置单位； 不需要统一安置，要求自主择业的，安置补助费发放给被安置人员个人或者征得被安置人员同意后用于支付被安置人员的保险费用
青苗补偿费和地上附着物补偿费	青苗补偿费及地上附着物补偿费归青苗及地上附着物的所有者所有

被征收土地农民的安置

为妥善安置被征地农民的生产和生活，各级政府和国土资源管理部门积极探索以市场为导向的多种安置途径。目前，被征收土地所在村、组农民的安置主要包括货币安置、保障安置、农业生产安置、重新择业安置、入股分红安置、异地移民安置等方式。其中，货币安置和保障安置为最常用的安置方式。

表 1-13：被证地农民安置方式

安置方式	具体情况
货币安置	指一次性支付足额的安置补助费，让有一技之长或者有生活技能的农民自谋职业； 政府同时加以引导，将货币安置的一部分支付被征收土地农民的社会统筹保险，或者征得本人同意，购买养老、医疗等各种商业保险，其余部分发给个人用于自谋职业
保障安置	用征地补偿费用为被征地农民支付社会统筹保险或者商业保险费用，对需要安置的农业人口依据不同性别和年龄实行分类安置，或将被征地农民的基本生活纳入城市居民的社会保障体系之中
农业生产安置	由集体经济组织通过利用农村集体机动地、承包农户自愿交回的承包地、承包地流转和土地开发整理新增加的耕地等对农民进行安置，使被征地农民有必要的耕作土地，继续从事农业生产
重新择业安置	向被征地农民提供免费的就业咨询、就业指导、就业培训、职业介绍等服务，提高被征地农民的就业竞争能力和创业能力，并积极创造条件安排相应的工作岗位。在同等条件下，用地单位应优先吸收被征地农民就业
入股分红安置	对有长期稳定收益的项目用地，在被征地农民自愿的前提下，由被征地农村集体经济组织与用地单位协商，以征地补偿安置费用入股；或者将征地补偿费用归入集体资产，由集体经济组织用于投资兴办二、三产业，全体集体经济组织成员享受二、三产业收益；或者将包括征收土地补偿费用在内的集体资产实行社区资产股份化，将集体资产量化到集体内部所有成员，被征地农民获取其收益
异地移民安置	对不具备基本生产生活条件的无地农民，应当异地移民安置

2 房屋拆迁

土地征收涉及房屋拆迁，具体拆迁流程如下图：

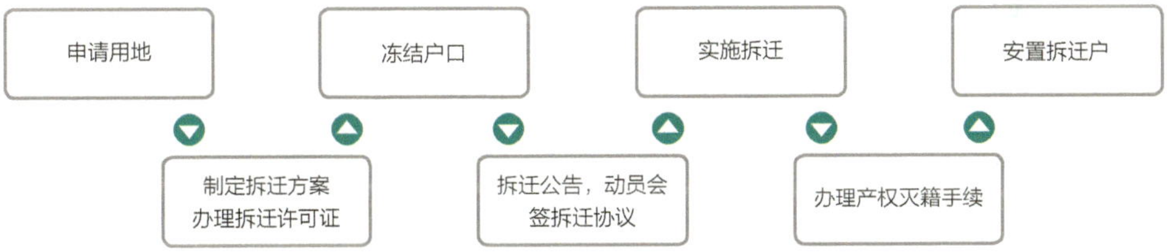

图 1-9 土地拆迁流程

房屋拆迁具体工作可以分为三个阶段，包括前期工作、中期工作、后期工作。

表 1-14: 房屋拆迁工作各阶段具体工作内容

工作阶段	主要工作内容
前期工作	①确定安置区域，确定安置楼结构、外观、层数等情况； ②确定回迁涉及几种备选户型； ③准备拆迁协议文本； ④确定拆迁安置政策； ⑤确定人员、片区，分片包干，着手入户对接准备工作； ⑥全体工作人员集体学习方案政策，吃透政策，领会精神，准备入户对接工作； ⑦对因批准翻建确需测量的，进行实地测量； ⑧对于因离婚、去世、继承等原因，且不存在争议的，确需申请变更户主姓名，提交相关证明书面材料。否则，按原房主继续登记； ⑨推选拆迁安置工作居民监督小组
中期工作	①发布拆迁公告； ②该地区房屋平房多为危房的，明确实施统一拆迁； ③工作人员入户工作，到户见人，耐心讲解政策，接受咨询，分析每户情况，帮助各家各户拆迁、算账、选房； ④签署拆迁协议；并申报拟选户型； ⑤在协议期限内，腾空房子交院门（楼房交进户门）钥匙，由相关工作人员查看房屋现场清楚验收，并接受钥匙，开具《拆迁验收单》，注明验收时间：年、月、日、时、分，并签字； ⑥依据《拆迁验收单》时间先后顺序领取选房数序号和确定奖金数额，并上墙公布户主姓名、交房时间，验收人等； ⑦持《拆迁验收单》，按选房顺序号到结算处先领取奖励和临居费，并将房产证、土地证原件交至结算处； ⑧回迁安置户根据《拆迁验收单》注明的时间顺序挑选楼房； ⑨根据楼房挑选单和选楼先后顺序号，在展板前依次挑选安置楼房的楼号、楼层、单元号、车库等； ⑩被拆迁户必须按各组工作人员通知的时间到现场指挥部结算，结算将根据所选房屋情况、天然气、暖气、有线电视、宽带、固话、太阳能等情况，进行结算； ⑪提交资料
后期工作	①兑付完成后，进行材料收集、汇总、整理，逐户健全档案； ②认真梳理，做到每户、每帐、原房、新楼相符； ③组织监督建设，组织回迁交房； ④接受居民咨询，解疑答问，结算拆迁资金和安置资金，统计安置户数、面积等

四 土地登记制度

土地登记，也称土地权利登记，是指由国家专门机关依法对土地的各项权利实行登记的制度。土地登记是依法对行政区域范围以内的国有土地使用权、集体土地所有权、集体土地使用权和土地他项权利的登记。

图 1-10 国有土地和集体土地使用权包含内容

1 土地登记的重要性

土地登记实则是一种土地管理监督手段，它在制定政策、维护权益、保护土地方面有重要意义。我国的土地登记制度与发达国家的登记制度相比，还未充分发挥其保障交易安全的功能，体现在两个方面：一，土地登记的社会程度不高，登记过程缺乏中介机构或专业人士参与，成为土地登记机关的独角戏；二，土地登记的公示功能无法发挥，土地登记的技术水平很低，向社会公开的程度不够。

图 1-11 我国土地登记制度的现状

（1）维护土地的社会主义公有制

通过土地登记，明确了国家土地所有权和集体土地所有权，为切实维护土地的社会主义公有制提供了重要的法律依据和保障。

（2）维护土地权利人的合法权益

国有土地和农民集体所有土地可以依法确定给单位或者个人使用。通过土地登记，确认了依法取得的土地使用权，在此基础上，厘清了土地所有权和土地使用权的产权关系，界定了国家、集体和个人在土地上的权益范围，保护了土地权利人的合法权益。

（3）维护正常的土地市场秩序

土地登记是对土地市场实施有效监管的关键措施。在土地交易过程中，通过土地登记对土地交易的合法性进行审查，对土地权属变动关系进行确认，有效促进了土地市场的规范，维护了正常的土地市场秩序。

（4）有效保护耕地

土地登记是土地用途管制的重要组成部分，农业用地转为非农业建设用地必须进行土地用途变更登记。在审核土地用途变更登记时，凡是不符合土地用途管制要求，随意将农业用地转变为非农业建设用地，破坏耕地，非法占用耕地的，均不得办理土地登记手续，不得颁发土地证书。

（5）为土地管理和经济社会发展提供重要基础信息

土地登记是土地管理主要的基础性工作，是国家掌握土地动态变化的一个重要的信息源，也是国家收取土地租、税、费的依据。

图 1-12 我国土地登记的重要性

2 土地登记的种类

土地登记业务涉及初始土地登记、土地他项权利登记、变更土地权利登记、注销土地权利登记、更正登记等五项内容。

表 1-15：土地登记种类

土地登记种类	具体情况
初始土地登记	指土地所有权人或准所有权人依法在规定的时间内对其权利进行第一次登记
土地他项权利登记	在土地的实体权利登记中，所有权或准所有权之外的其他登记
变更土地权利登记	一般包括土地权利主体变更的转让登记和土地权利客体变更的变更登记
注销土地权利登记	包括土地权利人抛弃权利的登记和土地灭失的登记
更正登记	指对土地登记簿上已有的不正确的登记的改正。不正确的登记包括初始的不正确登记和后发的不正确登记

3 土地登记流程

办理土地登记需要经过申请、地籍调查、审查、登记和发证五个步骤。

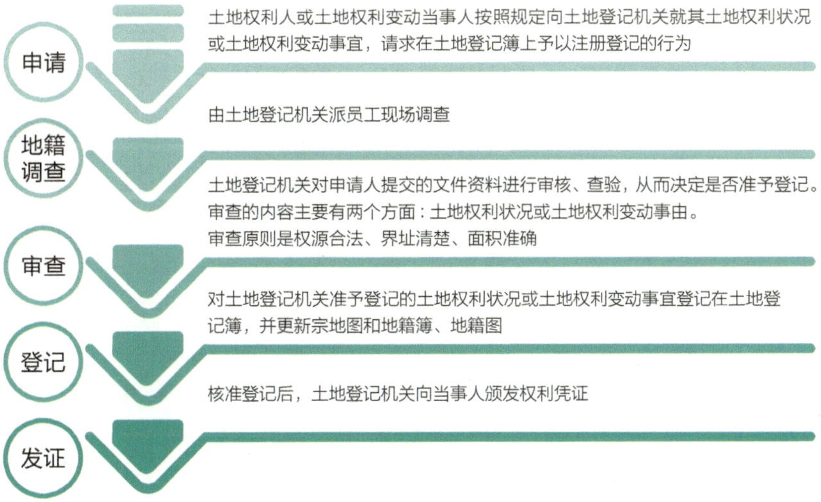

图 1-13 土地登记流程

五 土地有偿使用制度

目前，我国国有土地有偿使用制度的形式主要有三种：土地使用权出让、土地使用权转让和土地使用权划拨。

图 1-14 土地有偿使用制度的三种形式

1 土地使用权出让

土地使用权出让是指国家以土地所有者的身份，将国有土地使用权在一定年限内让与土地使用者使用，由土地使用者按照出让合同的约定向国家支付土地使用权出让金的行为。出让的最高年限按不同的土地用途确定。

（1）土地使用权出让的五大特点

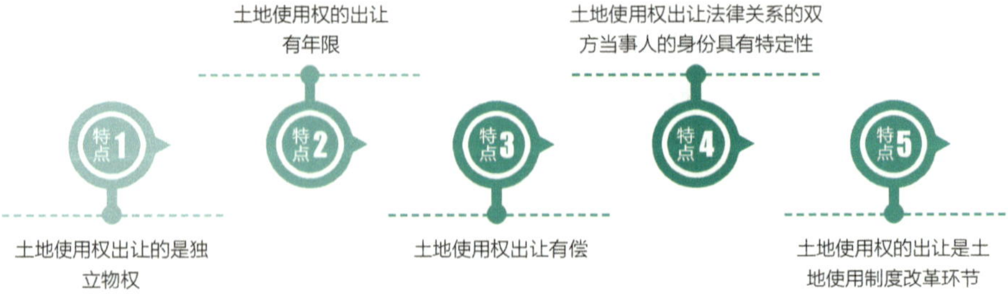

图 1-15 土地使用权出让的五大特点

特点 1：土地使用权出让的是独立物权

土地使用权的出让是以土地所有权和使用权分离为基础，国家作为土地所有者的地位不变，而土地使用权受让人取得一种独立的财产权利，包括所有权中占有、使用、收益和一定程度的处分权（对土地的转让权、抵押权、出租权等），该土地使用权是一种与土地所有权相分离的独立物权，不同于所有权中单纯的使用权能。

特点 2：土地使用权的出让有年限

土地使用者享有土地使用权的期限以出让年限为限，最高出让年限由法律加以规定，实际年限由土地使用权出让方与受让方双方在最高年限以内于合同中约定。

特点 3：土地使用权出让有偿

土地使用者取得一定年限的土地使用权要以向土地所有者（国家）支付一定数额的出让金，一般在出让合同签订后的法定期限内，由受让方向出让方一次性支付或在法定期限内分期支付。

特点 4：土地使用权出让法律关系双方当事人身份特定

出让方只能是地方人民政府的土地管理部门，其他任何部门、单位、个人不得实施土地出让行为；受让方为中华人民共和国境内的公司、企业、其他组织和个人。

特点 5：土地使用权的出让是土地使用制度改革环节

土地使用权的出让是国有土地使用制度改革的一个环节，是土地使用权作为商品经营和进入流通的第一步，因此土地使用权的出让市场亦称为“土地一级市场”，反映国家土地所有者与土地使用者之间的商品经济关系。

（2）土地使用权出让四大原则

土地使用权出让有四大原则，分别是“两权分离”原则，“政府垄断”原则，自愿、公平、等价有偿、诚实信用的原则，经济效益、环境效益和社会效益有机统一的原则。

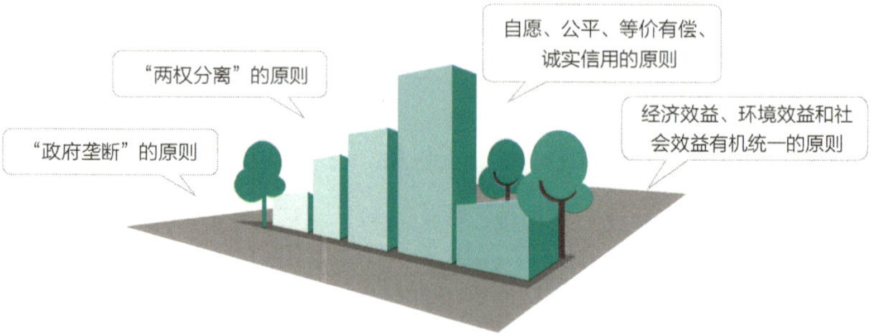

图 1-16 土地使用权出让原则

（3）土地使用权出让方式

土地使用权出让的方式有协议、招标、拍卖、挂牌四种。

表 1-16：四种土地使用权出让方式

土地使用权出让方式	操作方式	适用情况
协议出让	土地使用权的有意受让人直接向国有土地的代表提出有偿使用土地的愿望，由国有土地的代表与有意受让人进行谈判和切磋，协商出让土地使用权的有关事宜的一种出让方式	适用于工业项目、市政公益事业项目、非盈利项目及政府为调整经济结构、实施产业政策而需要给予扶持、优惠的项目，采取此方式出让土地使用权的出让金不得低于国家规定所确定的最低价
招标出让	市、县人民政府土地行政主管部门（以下简称出让人）发布招标公告，邀请特定或者不特定的公民、法人和其他组织参加国有土地使用权投标，根据投标结果确定土地使用者的行为	主要适用于一些大型或关键性的发展计划与投资项目
拍卖出让	指出让人发布拍卖公告，由竞买人在指定时间、地点进行公开竞价，根据出价结果确定土地使用者的行为	适用于投资环境好、盈利大、竞争性强的商业、金融业、旅游业和娱乐业用地，特别是大中城市的黄金地段
挂牌出让	指出让人发布挂牌公告，按公告规定的期限将拟出让宗地的交易条件在指定的土地交易场所挂牌公布，接受竞买人的报价申请并更新挂牌价格，根据挂牌期限截止时的出价结果确定土地使用者的行为	—

（4）土地使用权出让双方权利与义务

表 1-17：土地使用权出让双方权利与义务

项目	出让方	受让方
权利	①受让方在签订土地使用权出让合同后，未在规定期限内支付全部土地使用权出让金的，出让方有权解除合同，并可请求违约赔偿； ②受让方未按土地使用权出让合同规定的期限和条件开发、利用土地的，土地管理部门有权予以纠正，并根据情节轻重给予警告、罚款，直至无偿收回土地使用权的处罚； ③出让期满收回土地使用权及地面附着建筑物的权利	①取得被出让土地的一定期限的使用权——受让人在合同规定的期限内依照法律和合同规定对被出让土地的占有、使用、收益、处分的权利； ②受让人在达到合同规定的开发要求后，将余期内土地使用权及地上附着建筑物有偿转让、赠与、出租、继承、抵押的权利
义务	①按照土地使用权出让合同的规定提供出让的土地使用权； ②向受让方提供有关资料和使用该土地的规定	①在签订土地使用权出让合同后的规定期限内支付全部土地使用权出让金；在支付全部土地使用权出让金后，依规定办理登记手续，领取土地使用证； ②按出让合同规定的用途和要求使用土地。改变用途和要求，必须经土地使用权出让人批准，并依法补交相应价款； ③使用权期限届满，将土地使用权连同地上附着建筑物交还土地使用权出让人

2 土地使用权转让

土地使用权转让是指土地使用者将土地使用权再转移的行为。

（1）土地使用权转让特点

国家通过出售、赠与、交换、继承等方式转让土地使用权。

（2）土地使用权转让原则

转让土地使用权应遵循图 1-17 所示的三个基本原则。

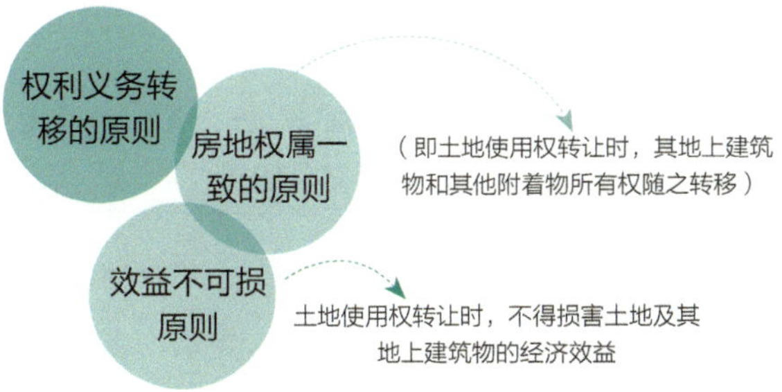

图 1-17 土地使用权转让原则

（3）土地使用权转让条件

土地使用权转让受到以下四个条件的制约：

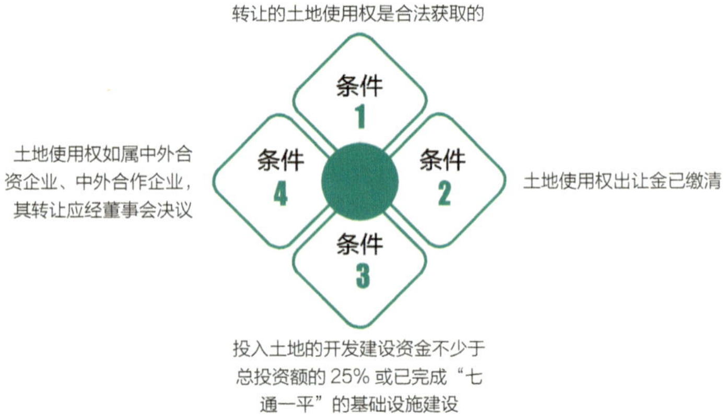

图 1-18 土地使用权转让条件

（4）土地使用权转让双方权利与义务

表 1-18：土地使用权转让双方权利与义务

项目	出让方	受让方
权利	取得余期土地使用权的价款	获得余期土地使用权以及与此相关联的权利
义务	把余期土地使用权以及与此相联的对余期土地使用权的转让、赠与、继承、抵押的权利交给土地使用权再受让人	①支付被转让余期土地使用权价款； ②按照原土地使用权出让合同规定的用途和要求使用土地。改变土地用途和要求必须经土地使用权出让人批准，并依法补交相应地价款； ③使用权余期届满，将土地使用权连同地上附着建筑物交还土地使用权出让人

3 土地使用权划拨

土地使用权划拨是指县级以上人民政府依法批准，在土地使用者缴纳补偿、安置等费用后将该幅土地交付其使用，或者将国有土地使用权无偿交付土地使用者使用的行为。以划拨方式取得土地使用权的，除法律、行政法规另有规定外，没有使用期限的限制。

划拨国有土地使用权是国有土地有偿、有限期使用制度的一种例外和补充。

（1）土地使用权划拨四大特征

土地使用权划拨具备以下四大特征：

图 1-19 土地使用权划拨四大特征

（2）土地使用权划拨范围

国家对土地划拨进行严格限制，以下是适用土地使用权划拨方式的用地类型。

表 1-19：土地使用权划拨范围

用地类型	具体情况
国家机关用地	即各级权力机关、国家行政机关、国家审判机关、国家检察机关和国家军事机关用地
军事用地	即《中华人民共和国军事设施保护法》规定的军事设施用地，包括建筑、场地和设施用地
城市基础设施用地	即城市给水、排水、污水处理、供电、通信、煤气、热力、市内公共交通等设施用地
城市公益事业用地	即各种学校、医院、体育场所、图书馆等文体、卫生、教育事业用地
国家重点扶持的能源、交通、水利等项目用地	

第二节

建设用地管理

按土地所有权分类，可将建设用地分为国有建设用地、集体所有建设用地（含宅基地、乡镇公益事业用地、乡镇企业用地）。

一 建设用地供应制度

建设用地供应制度的含义有广义和狭义之分。从狭义上讲，建设用地供应制度仅仅是指建设用地在市场供给活动中所形成的规则。从广义上讲，建设用地供应制度还包括诸如供给主体、供给客体等内容。

我国实行土地的社会主义公有制，建设用地分为国有建设用地和集体建设用地两类，因此，建设用地供应制度也分为两大类型。

图 1-20 建设用地供应制度的两大类型

1 建设用地使用标准

建设用地使用标准，是指在综合考虑国家经济发展状况、土地资源状况及当前社会经济活动采用的先进技术和工艺平均水平的基础上，对建设项目用地规模做出的定量和定性的规定。

建立健全建设用地使用标准有三大作用，主要体现在以下三个阶段。

表 1-20：建设用地使用标准的三大作用

三个阶段	三大作用	
项目可行性研究和初设阶段	为建设单位提供标准依据	建设单位、设计单位按照指标的规定测算和确定建设项目用地规模
建设用地预审和土地征收、建设用地供应阶段	为管理部门提供核定依据	国土资源管理部门依据指标的规定核定建设项目用地面积。对在项目总平面规划设计中违背建设用地指标规定，超标准用地的，在建设用地审查中不予通过。核定建设用地规模的尺度，是供应建设用地和进行建设项目工程咨询、规划和设计的重要依据
建设项目竣工验收复查阶段	为管理部门提供核验依据	国土资源管理部门按照土地使用合同、划拨决定书的约定和建设用地指标规定，对建设项目实际用地面积和土地开发利用情况进行检查核验

建设用地使用标准可以分为两个层次、四大类。第一层次为量化的控制性标准，第二层次为准入性标准。四大类是工程项目建设用地指标、工业项目建设用地控制指标、全国工业用地出让最低价标准和城市用地分类与规划建设用地标准。

（1）工程项目建设用地指标

工程项目建设用地指标，主要是依据工业项目通常的生产工艺、技术装备和总平面规划设计规范等条件确定的某一建设项目的用地面积标准。目前，国家已编制并批准发布了 40 多项工程项目建设用地控制指标，基本形成了工矿仓储、能源交通等基础设施以及科教文卫等领域的建设用地指标体系。

（2）工业项目建设用地控制指标

工业项目建设用地控制指标主要针对一般制造业用地，结合经济评价和集约用地评价，给出了不同地区各类工业项目在投资强度、容积率、建筑系数、行政办公及生活服务设施用地所占比重、绿地率、土地用途等方面所必须达到的最低“门槛”要求。其目的是要提高投资强度和土地利用强度，走节地高效的工业化道路，促进产业结构调整和产业升级。

2008 年，国土资源部修订发布了《工业项目建设用地控制指标》。该控制指标规定，工业项目的建筑系数应不低于 30%，工业项目所需行政办公及生活服务设施用地面积不得超过工业项目总用地面积的 7%。严禁在工业项目用地范围内建造成套住宅、专家楼、宾馆、招待所和培训中心等非生产性配套设施。工业企业内部原则上不得安排绿地。但因生产工艺等有特殊要求需要安排一定比例绿地的，绿地率不得超过 20%。

链接

工程项目建设用地指标和工业项目建设用地控制指标的区别

工程项目建设用地指标是对项目用地实行的最高标准控制；而工业项目建设用地控制指标则是从工业项目用地单位面积投资强度、土地利用强度、非生产性用地比例等方面实行的最低标准控制，达不到最低“门槛”要求的，不能供地。

（3）全国工业用地出让最低价标准

《全国工业用地出让最低价标准》于2006年12月27日发布，并于2007年1月1日起实施。《标准》规定工业用地的出让底价和成交价格均不得低于所在地土地等别相对应的最低价标准，如表1-21所示。

表1-21：全国工业用地出让最低价标准　　单位：元/㎡（土地）

土地等级	一等	二等	三等	四等	五等	六等	七等	八等
最低价标准	840	720	600	480	384	336	288	252
土地等级	九等	十等	十一等	十二等	十三等	十四等	十五等	
最低价标准	204	168	144	120	96	84	60	

（4）城市用地分类与规划建设用地标准

《城市用地分类与规划建设用地标准》对规划建设用地指标控制的基本原则是：通过规划城市人口来确定城市的规划建设用地规模。具体来说，主要是通过下图三类指标进行评判：

图1-21 城市规划建设用地规模的三类指标

三类指标具体标准见表1-22所示。

表 1-22：规划人均建设用地指标

气候区	现状人均城市建设用地指标	允许采用的规划人均城市建设用地指标	允许调整幅度		
			规划人口规模≤20.0万人	规划人口规模20.1万～50.0万人	规划人口规模>50.0万人
Ⅰ Ⅱ Ⅵ Ⅶ	≤ 65.0	65.0 ~ 85.0	> 0.0	> 0.0	> 0.0
	65.1 ~ 75.0	65.0 ~ 95.0	+ 0.1 ~ + 20.0	+ 0.1 ~ + 20.0	+ 0.1 ~ + 20.0
	75.1 ~ 85.0	75.0 ~ 105.0	+ 0.1 ~ + 20.0	+ 0.1 ~ + 20.0	+ 0.1 ~ + 15.0
	85.1 ~ 95.0	80.0 ~ 110.0	+ 0.1 ~ + 20.0	- 5.0 ~ + 20.0	- 5.0 ~ + 15.0
	95.1 ~ 105.0	90.0 ~ 110.0	- 5.0 ~ + 15.0	- 10.0 ~ + 15.0	- 10.0 ~ + 10.0
	105.1 ~ 115.0	95.0 ~ 115.0	- 10.0 ~ - 0.1	- 15.0 ~ - 0.1	- 20.0 ~ - 0.1
	> 115.0	≤ 115.0	< 0.0	< 0.0	< 0.0
Ⅲ Ⅳ Ⅴ	≤ 65.0	65.0 ~ 85.0	> 0.0	> 0.0	> 0.0
	65.1 ~ 75.0	65.0 ~ 95.0	+ 0.1 ~ + 20.0	+ 0.1 ~ + 20.0	+ 0.1 ~ + 20.0
	75.1 ~ 85.0	75.0 ~ 100.0	- 5.0 ~ + 20.0	- 5.0 ~ + 20.0	- 5.0 ~ + 15.0
	85.1 ~ 95.0	80.0 ~ 105.0	- 10.0 ~ + 15.0	- 10.0 ~ + 15.0	- 10.0 ~ + 10.0
	95.1 ~ 105.0	85.0 ~ 105.0	- 15.0 ~ + 10.0	- 15.0 ~ + 10.0	- 15.0 ~ + 5.0
	105.1 ~ 115.0	90.0 ~ 110.0	- 20.0 ~ - 0.1	- 20.0 ~ - 0.1	- 25.0 ~ - 5.0
	> 115.0	≤ 110.0	< 0.0	< 0.0	< 0.0

备注：

新建城市的规划人均城市建设用地指标应在 85.1~ 105.0 m^2 / 人内确定。

首都的规划人均城市建设用地指标应在 105.1 ~ 115.0 m^2 / 人内确定。

边远地区、少数民族地区城市，以及部分山地城市、人口较少的工矿业城市、风景旅游城市等，不符合上表规定时，应专门论证确定规划人均城市建设用地指标，且上限不得大于 150.0 m^2 / 人。

表 1-23：规划人均单项建设用地指标

项目	Ⅰ、Ⅱ、Ⅵ、Ⅶ气候区	Ⅲ、Ⅳ、Ⅴ气候区
人均居住用地面积指标（m^2 / 人）	28.0~38.0	23.0~36.0
人均公共管理与公共服务用地面积	≥ 5.5 m^2 / 人	
人均道路与交通设施用地面积	≥ 12.0 m^2 / 人	
人均绿地与广场用地面积	≥ 10.0 m^2 / 人	其中人均公园绿地面积≥ 8.0 m^2 / 人

表 1-24：规划建设用地结构

类别名称	占建设用地的比例（%）	类别名称	占建设用地的比例（%）
居住用地	25.0~40.0	公共管理与公共服务	5.0~8.0
工业用地	15.0~30.0	道路与交通设施用地	10.0~25.0
绿地与广场用地	10.0~15.0		

2 建设项目用地预审

建设项目用地预审，是指国土资源管理部门在建设项目审批、核准、备案阶段，依法对建设项目涉及的土地利用事项进行的审查。建设项目用地预审是实施土地利用总体规划的一项重要措施。

链接

建筑项目用地预审法律依据

《土地管理法》第五十二条规定：

建设项目可行性研究论证时，土地行政主管部门可以根据土地利用总体规划、土地利用年度计划和建设用地标准，对建设用地有关事项进行审查，并提出审查意见。

《土地管理法实施条例》第二十二、二十三条：

建设项目可行性研究论证时，土地行政主管部门对建设项目用地有关事项进行审查，提出建设项目用地预审报告；可行性研究报告报批时，必须附具土地行政主管部门出具的建设项目用地预审报告。

《企业投资项目核准暂行办法》（发展改革委令 19 号）规定：

建设项目申请核准，应附具国土资源行政主管部门出具的项目用地预审意见。

2001 年 6 月颁布实施《建设项目用地预审管理办法》（国土资源部第 7 号令）规定：

对用地预审工作的审查依据、原则、内容、程序以及报件要求等做出了具体明确的规定。

根据《土地管理法实施条例》第二十二条和第二十三条的规定，具体建设项目需要占用土地利用总体规划确定的城市建设用地范围内和范围外的土地，都必须进行用地预审。

建设项目申请用地预审有三种类型，分别是审批、核准、备案。建设单位在申请用地预审时，需在申请文件中注明项目的申报类型。

表 1-25：申请用地预审的三种形式

项目类型	预审介入时间	如何办理
审批项目	在建设项目建议书批复后、可行性研究报告报批前	由建设用地单位向项目审批机关同级的国土资源管理部门提出用地预审申请
核准项目	在建设项目申请报告核准前	由建设用地单位向核准项目机关同级的国土资源管理部门提出用地预审申请
备案项目	在建设项目办理备案手续后	由建设用地单位向备案机关同级的国土资源管理部门提出用地预审申请

备注：
农村居民点建设、城镇建设规划区内实施招标、拍卖、挂牌的房地产开发、用地规模不增加、用途未发生变化的在原址上进行改建、地下管网建设项目不实行用地预审。

（1）建设项目用地审批权限

建设项目用地预审实行分级预审。需国务院及国务院投资主管部门和行业主管部门批准、核准、备案的建设项目，由国土资源部预审；需地方人民政府及地方投资主管部门和行业主管部门批准、核准、备案的建设项目，由同级地方国土资源管理部门预审。

①需州（地、市）、县（市）人民政府或同级发展和改革等部门审批、核准、备案的建设项目，分别由该级人民政府的国土资源管理部门负责建设项目用地预审，出具预审意见。

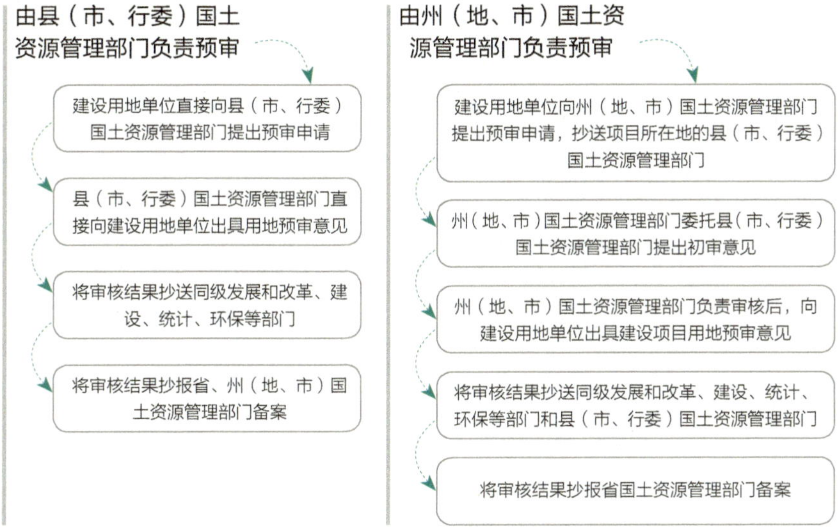

图 1-22 两类地方国土资源管理部门办理预审流程

②需省人民政府或省发展和改革等部门审批、核准、备案的建设项目，由省国土资源管理部门预审，出具预审意见。

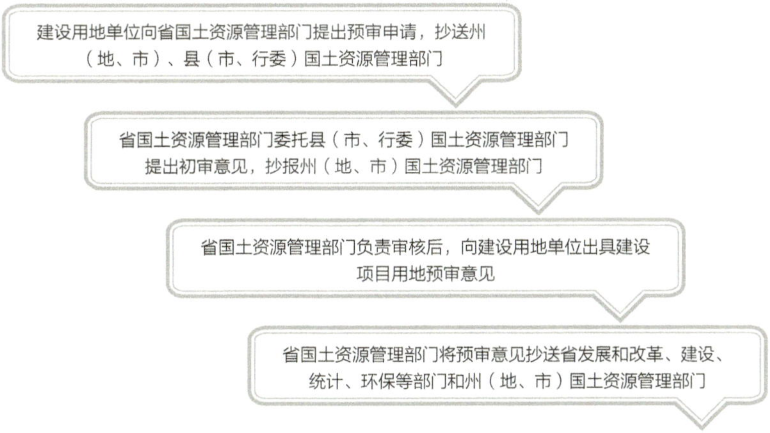

图 1-23 省级国土资源管理部门办理预审流程

③需国务院或国家发展和改革等部门审批、核准、备案的建设项目，报国土资源部预审。由国土资源部负责预审的，建设用地单位直接向国土资源部提出预审申请，抄送省国土

资源管理部门，省国土资源管理部门提出初审意见后，连同建设项目用地单位的预审申请一并报国土资源部。

其中，建设项目占用市级规划确定的城市建设用地范围内土地的，由市国土资源管理部门提出初审意见，经省国土资源管理部门审核后，转报国土资源部。

涉密军事项目和国务院批准的特殊建设项目用地，建设单位可直接向国土资源部提出预审申请。

链接

委托预审

应当由国土资源部预审的输电线塔基、钻探井位、通讯基站等小面积零星分散建设项目用地，由省级国土资源管理部门预审，并报国土资源部备案。

（2）预审的主要内容及流程

建设项目用地预审主要考察五个方面的内容：

①建设项目选址是否符合土地利用总体规划，是否符合国家供地政策和土地管理法律、法规规定的条件；

②建设项目用地规模是否符合有关建设用地指标的规定，用地面积、农用地转用面积和占用耕地面积应当准确反映在预审意见上；

③建设项目占用耕地的，补充耕地初步方案是否可行；

④征地补偿费用和矿山项目土地复垦资金的拟安排情况；

⑤建设项目用地需修改土地利用总体规划的，规划的修改方案、规划修改对规划实施影响评估报告等是否符合法律、法规的规定。

按照有关规定，用地预审审查实行会审制。省厅负责预审（或初审）的由省级规划处牵头，各有关处、局，事业单位以及项目所在地的州、县国土资源局和项目单位共同参与审查。审查成员单位由规划处（主办）、耕地保护处、地籍司、利用处、执法局、土地统征中心、国土规划研究院、项目所在地的州、县国土资源局等单位组成。

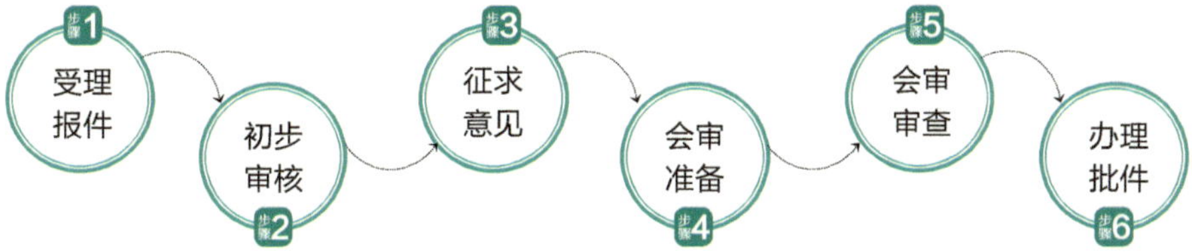

图 1-24 预审审查阶段流程

步骤 1：受理报件

受理报件分为申报和受理两个环节。

第一，申报。

由建设单位向有权预审的国土资源管理部门提出预审申请。由国土资源部门预审的建设项目，建设单位还应先征求项目所在地的省级国土资源管理部门的意见，项目所在地的省级国土资源管理部门应就项目规划选址情况出具审核意见，一并上报。

第二，受理。

收到预审申报材料后，要对报件材料进行程序性审查，即审查报件材料是否齐备。如材料符合要求，则正式受理预审；如报件材料不符合要求，则在两个工作日内通知申报单位，申报单位按要求补报材料后正式受理。

步骤 2：初步审核

正式受理预审后，组织相关人员按《建设项目用地预审管理办法》的规定对建设项目用地情况进行初步审查，并编写建设项目用地预审报告。

步骤 3：征求意见

主办单位将预审报件材料和《建设用地预审审查征求意见表》分送会审成员单位，会审成员单位根据各自职能，在规定时限内完成审查工作，并将审查意见反馈主办单位。

步骤 4：会审准备

主办单位将预审报告征求有关职能部门意见，在规定时间内对有关职能部门意见提出处理办法并进行汇总，作为向会审汇报的材料。

步骤5：会审审查

召开会审会进行会审。项目单位负责将项目情况向会审会做专门汇报，提请会审会审定，并记录会议的要求和会审决定。

步骤6：办理批件

首先，根据会审会纪要，主办单位对审议通过的预审项目，按照办理文件程序，将项目用地预审复函报主管厅领导审签。

然后，对会审会提出需进一步落（核）实有关情况的项目，主办单位负责落实，并经审定后，用地预审复函报主管厅领导审签。

最后，对不予通过的用地预审项目，主办单位以书面意见告知申请人和当地国土资源管理部门。

（3）预审项目申报材料要求及时间

按照《预审管理办法》的规定，建设单位向国土资源管理部门申请用地预审时应提交以下材料：建设项目用地预审申请报告、建设项目用地预审申请表、建设依据、项目可行性研究报告或项目申请报告、县级以上规划图及相关图件（标注项目位置，并经当地国土资源管理部门确认，即加盖国土资源行政主管部门印章）、初审意见、地质灾害危险性评估和压覆矿产资源材料，铁路公路和矿山用地等项目涉及临时用地的，需提交土地复垦方案。

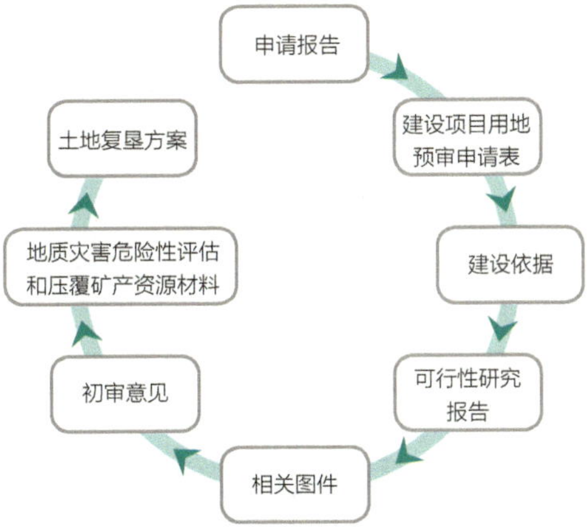

图 1-25 预审审查阶段流程

材料 1：申请报告

主要内容包括拟建项目的基本情况、拟选址占地情况、拟用地面积确定的依据和适用建设用地指标情况、补充耕地初步方案、征地补偿费用和矿山项目土地复垦资金的拟安排情况等。

建设项目用地预审申请报告（格式）

主送单位（负责预审的国土资源管理部门）：

项目基本情况：×× 项目是列入（为实施）《××》规划的 ×× 类建设项目（能源、交通、水利、城市基础设施等）。项目建设规模为 ××（千瓦、千米），建设内容主要为 ××，拟定总投资 ×× 亿元。

拟选址情况：×× 项目位于 × 省 × 市 × 县 × 乡（镇）× 村。选址比较的简况和拟选址用地的充足理由，矿产资源开发项目取得划定矿区范围批准文件的情况等。

拟建项目用地情况：拟用地总规模 ×× 公顷，拟占用农用地 ×× 公顷，拟占用地农用地中耕地 ×× 公顷（其中拟占用基本农田 ×× 公顷）；拟占用建设用地 ×× 公顷；拟占用未利用地 ×× 公顷……（根据相关《工程项目建设用地指标》规定的各组成部分填写），需明确其中各项功能分区的占地情况。

补充耕地初步方案（涉及占用耕地的项目填写）：是否已经将补充耕地的资金列入工程

投资（预算）；拟采取（自行组织开垦、耕地开垦费委托开垦）补充耕地的方式，委托开垦的是否承诺按照当地 ×× 元 / 亩的标准缴纳耕地开垦费……

征地补偿费用和具有复垦任务项目土地复垦资金的拟安排情况。

抄报：××× 国土资源管理部门

材料 2：建设项目用地预审申请表

表 1-26：建设项目用地预审申请表

<table>
<tr><th>项目名称</th><th colspan="2"></th><th colspan="2">项目拟建设地点</th><th></th></tr>
<tr><td>项目审批核准备案的机关</td><td colspan="2"></td><td colspan="2">项目拟投资规模（万元）</td><td></td></tr>
<tr><td>项目依据的国家规划、行业规划、区域规划、省级有关规划等</td><td colspan="5"></td></tr>
<tr><td rowspan="3">项目拟用的总规模（公顷）</td><td rowspan="2">用地总面积</td><td colspan="2">农用地</td><td rowspan="2">建设用地</td><td rowspan="2">未利用地</td></tr>
<tr><td>合计</td><td>其中：耕地（基本农田）</td></tr>
<tr><td></td><td></td><td></td><td></td><td></td></tr>
<tr><td>项目各组成部分（功能分区）用地情况</td><td colspan="5"></td></tr>
<tr><td>补充耕地资金标准和总额、补充耕地拟采取方式及措施</td><td colspan="5"></td></tr>
<tr><td rowspan="2">联系方式</td><td>联系单位</td><td colspan="4"></td></tr>
<tr><td>通讯地址</td><td colspan="4"></td></tr>
<tr><td>联系人及电话</td><td colspan="3"></td><td>邮政编码</td><td></td></tr>
<tr><td>备注</td><td colspan="3"></td><td colspan="2">申请单位（盖章）
年 月 日</td></tr>
</table>

材料 3：建设依据

建设依据有：

①经国务院（发展改革委、国务院有关部门）批准的有关行业发展规划；

②发展改革等部门项目建议书的批复；

③《产业指导目录》；

④发展改革等部门同意开展前期工作告知意见。

材料 4：可行性研究报告

项目可行性研究报告必须有土地利用的章节，主要内容包括项目选址情况、项目用地规模（含项目功能分区的用地情况）、占用国有土地和集体土地情况、拟占用土地的类型、占用耕地概况及征地补偿标准等，征用土地的相关费用是否列入投资估算中。

材料 5：相关图件

标注项目用地范围的县级以上土地利用总体规划图、最新大比例尺的土地利用现状图及相关图件。

材料 6：初审意见

由省、州（地、市）预审的用地项目，需附有县（市、行委）国土资源管理部门对申报项目用地的初审意见；需国土资源部预审的用地项目，需附有省国土资源管理部门对申报项目用地的初审意见。

初审意见的内容包括拟建项目用地是否符合土地利用总体规划、是否符合国家供地政策、用地标准和总规模是否符合有关规定、补充耕地初步方案是否可行、征地补偿费标准是否按有关规定执行、具有复垦任务的项目，复垦标准是否满足实际复垦需要、项目选址是否在地质灾害易发区内、是否压覆重要矿产资源的结论性意见。

材料 7：地质灾害危险性评估和压覆矿产资源材料

项目建议书和可行性研究报告分别审批的，申请用地预审时，应提交地灾和压矿有关材料；项目建议代可行性研报告一次审批的不需提供地灾和压矿有关材料；备案类项目申请用地预审时，应提交地灾和压矿有关材料。

地质灾害危险性评估和压覆矿产资源材料分为两种形式，一种是提交地质灾害危险性评估报告和压覆矿产资源调查报告，另一种是提交地质灾害危险性评估备案登记表和压覆重要矿产资源情况调查表，具体提交方式则按有关规定执行（职能分别在地质环境处和勘查储量处）。

由于地灾和压矿报告准备时间较长，为了保证项目及时落地，不耽误建设项目的前期工作，在实际工作中，对需要做地灾和压矿报告的项目，采取提交委托函（或合同）的方式，先进行预审，预审通过后，在规定时间内提交相应的报告。这样大大压缩了预审周期，方便了项目单位的其他各项前期工作，也提高了办事效率。

材料 8：土地复垦方案

主要是铁路、公路和具有复垦任务（如大型水电站、水库等项目）的工程项目，需要临时用地的，提交此项材料。明确土地复垦费标准是否满足土地复垦的实际需要；说明复垦资金来源，按照标准提取复垦资金。

如果建设项目需要规划调整，规划调整方案应当经相关部门和专家论证，再举行听证。论证意见的主要内容见表 1-27。

表 1-27：项目规划论证内容

序号	主要论证内容
1	调整的依据和理由是否充分
2	项目选址、用地规模和各功能分区用地标准是否合理
3	规划调整方案（占用基本农田的还含基本农田调整补划方案、占用耕地的还含耕地补充方案）是否合理
4	项目的建设对实施土地利用总体规划目标的影响程度
5	落实规划调整方案和减少对实施规划不良影响的措施是否可行
6	调整前后的土地利用总体规划图件（占用基本农田的应有基本农田补划位置图）是否符合要求
7	修改和完善规划调整方案的意见等

调整规划还应当举行听证。规划调整方案听证要按《国土资源听证规定》的规定举行，听证会由县级以上国土资源管理部门组织。听证会议纪要应当符合听证规定要求。

听证纪要的内容如下图：

图 1-26 听证纪要主要内容

预审办法规定国土资源管理部门应当在正式受理预审申报材料之日起二十日内，完成本级的预审工作，出具预审意见。二十日内不能出具预审意见的，经负责预审的国土资源管理部门负责人批准，可以延长十日。根据项目的具体情况，可对预审时限重新进行要求，例如对中央投资和省级重大建设项目的用地预审，须在七个工作日内完成。

（4）项目预审公示制度和有效期

根据《行政许可法》第七十二条规定，必须在办公场所公示依法应当公示的材料，涉密项目除外，或按照保密工作的有关规定，经保密技术处理后予以公示。

公示的内容包括《预审管理办法》、预审工作流程、工作时限表、申请表和申请报告格式、项目名称、批复时间、批复文号等。

预审文件有效期为两年。临近预审文件有效期，根据项目用地等情况有两种处理方式：申请延期和重新申请用地预审。

表 1-28：临过预审文件有效期的两种处理方式

方式	适用情况	延期应提交材料
申请延期	项目选址、建设规模、用地范围和用地规模与申请用地预审时基本一致的，建设单位可向国土资源部门申请延期	建设单位的延期申请、国土部门对项目用地情况的确认意见、用地预审批复文件、建设依据
重新申请用地预审	项目选址、建设规模、用地范围和用地规模发生重大变化的，应按照《预审管理办法》规定，重新申请用地预审	—

二 国有建设用地管理

国有建设用地供应是指土地行政主管部门依据国家法律法规与政策，将国有建设用地使用权提供给建设用地单位使用的过程。

1 国有建设用地供应基本原则

国有建设用地供应有两大基本原则，一是有偿供地原则，二是符合国家产业政策和供地政策原则。

图 1-27 国有建设用地供应两大基本原则

（1）有偿供地原则

《土地管理法》明确规定：“国家依法实行国有土地有偿使用制度。但是，国家在法律规定的范围内划拨国有土地使用权的除外。”

有偿供地原则主要表现在三个方面：

①各地在供应国有建设用地时，首先应当以出让、租赁等有偿方式供应；

②建设单位使用国有建设用地，应当以出让、租赁等有偿使用方式取得；

③不符合法律政策明确的划拨用地范围的任何建设用地，均应当以有偿方式供应。

（2）符合国家产业政策和供地政策原则

国家产业政策一般分为鼓励类政策、允许类政策、限制类政策和禁止类政策。

供地政策与国家产业政策相适应，在建设用地供应上，国家制定了《限制用地项目目录》和《禁止用地项目目录》，具体明确了建设用地的三类供应政策。

表 1-29：建设用地的三类供应政策

供应政策	具体要求
限制供地政策	属于在全国范围内统一规划布点、生产能力过剩需总量控制和涉及国防安全、重要国家利益，并被列入国土资源部《限制供地项目目录》的建设项目，实行限制供地政策
禁止供地政策	属于危害国家安全或者损害社会公共利益，国家产业政策明令淘汰的生产方式、产品和工艺所涉及，国家产业政策规定禁止投资，以及按照法律法规规定明令禁止，并被列入国土资源部《禁止供地项目目录》的建设项目，实行禁止供地政策
可以供地政策	对于符合鼓励类政策和允许类政策、不属于《限制供地项目目录》和《禁止供地项目目录》范围的建设项目，可以根据土地供应年度计划、市场供求情况等及时组织建设用地供应。对于鼓励类建设项目，要积极供地

2 国有建设用地供应方式

链接

国有建设用地供应有五大标准：

标准 1. 根据国家产业政策，决定是否供地；

标准 2. 根据有关法律，决定供地方式；

标准 3. 根据规划，决定供地的具体位置；

标准 4. 根据年度计划，决定供地时间；

标准 5. 根据用地定额，决定供地数量。

根据我国现行法律法规规定，国有建设用地的供应方式主要有划拨和有偿使用两大类。

图 1-28 国有建设用地两类供应方式

（1）国有建设用地划拨供应

国有建设用地划拨供应的范围包括国家机关用地、军事用地、城市基础设施用地、公益事业用地、国家重点扶持能源、交通、水利等项目用地、可以采取划拨方式供地的其他项目用地。

国有建设用地划拨供应有四个特点。

表 1-30：国有建设用地划拨供应的四个特点

序号	特点
1	土地使用权没有期限的规定
2	土地不得流转，不得从事转让、出租、抵押等经营活动。如需转让、出租、抵押等，应当办理土地出让手续或经政府批准。土地使用者不需要使用该土地时，由政府无偿收回土地使用权
3	用途未经批准不得改变，改变用途需经批准。改变用途后不属划拨范围的实行有偿使用
4	取得划拨土地使用权，只需缴纳国家取得土地成本和国家规定税费，不缴纳土地有偿使用费

（2）国有建设用地有偿使用供应

有偿使用方式包括国有建设用地使用权出让、国有建设用地租赁、国有建设用地使用权作价出资（入股）和国有土地使用权授权经营方式供应等。

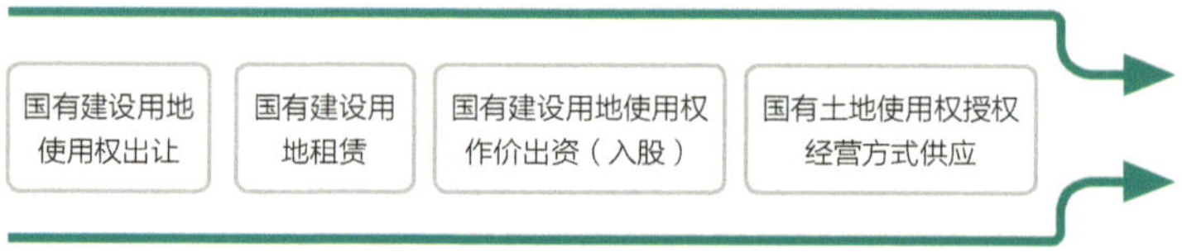

图 1-29 国有建设用地四种有偿使用方式

国有建设用地出让的方式包括协议、招标、拍卖、挂牌四种。

国有建设用地租赁可分为短期租赁和长期租赁。对于短期使用或用于修建临时建筑物的土地，应实行短期租赁，短期租赁年限不一般不超过五年；对需要进行地上建筑物、构筑物建设后长期使用的土地，应实行长期租赁，具体租赁期限由租赁合同约定，但最长租赁期限不得超过法律规定的同类用途土地出让最高年限。

国有土地使用权授权经营方式供应是指国家以一定年限的土地使用权作价后作为投资授权给经国务院批准设立的国家控股公司，作为国家授权投资机构的国有独资公司和集团公司经营管理。被授权的公司和投资机构负责该土地的保值、增值，并可以凭政府主管部门发给的授权委托书向其他企业以作价出资（入股）或者租赁的方式配置土地。

3 国有建设用地供应流程

国有建设用地供应 [公开出让（租赁）] 流程

一、办理流程

竞得人申请 — 市国土规划局窗口受理 — 土地利用处经办人办理 — 处长审查 — 分管局长审核 — 局长签发 — 经办人办结归档 — 窗口出件并向建设单位提供下步办理告知单。

二、申报条件

1. 建设单位提交的材料齐全。
2. 市国有建设用地供地方案批复同意按出让或租赁方式供地。
3. 权属清晰，无任何争议。

三、办理所需材料

1. 国有建设用地供应申请表和申请报告（原件，附表二及样本一）；
2. 土地权属证明文件：

使用国有建设用地上的自用地，需提供国有土地使用证（复印件）；

使用国有建设用地上的其他单位用地（不涉及国有土地上房屋征收的），需提供土地转让（补偿）协议及原土地使用单位的国有土地使用证（复印件）；

使用国有建设用地涉及房屋征收的，需提供征收完毕确认书或拆迁验收完毕确认书（复印件）；

使用新增建设用地的项目，需提供建设用地批准书（复印件）；

3.《规划设计条件》（复印件）；

4.《国有建设用地使用权成交确认书》（原件）；

5. 地块费用缴纳情况证明文件（原件）；

6.《储备土地开发补偿协议》或《国有建设用地使用权转让补偿合同》（原件）；

7. 出让（租赁）宗地平面界址图、出让（租赁）宗地竖向界限图各6份（含城镇地籍测量资料1套）；

8. ×× 市国有建设用地使用权招标拍卖挂牌文件；

9. 现场照片；

10. 企业法人工商执照或组织机构代码证、法定代表人身份证明（委托他人申报手续的还应提供由法定代表人出具的委托书和被委托人身份证明）（复印件）。

四、收费标准

1. 收费事项：土地出让价款、土地契税、印花税。

2. 收费标准：

①土地出让价款：依据《×× 市人民政府关于实施 ×× 市市区 ×× 年土地级别与基准地价标准的通知》（×× 号）文件收取；

②土地契税：根据《×× 省契税征收管理实施办法》（×× 号，×× 年）按成交价格的 ××% 计征（征收主体为市地税局）；

③印花税：根据《×× 市地方税务局财政局国土规划局关于加强土地使用权出让（转让）合同印花税征管工作的通知》按合同金额的 ××% 计征（征收主体为市地税局）。

备注：持《国有建设用地使用权出让合同》向国土规划局地籍处或分局申报办理《国有土地使用权证》，向国土规划局建筑与城市设计处申报办理《建设工程规划许可证》。

国有建设用地供应（协议出让、租赁）流程

一、办理流程

1. 技术审查：市国土规划局窗口预受理 --- 土地利用处技术审查 --- 提交供地例会研

究（需要进行土地评估的，由地空中心委托土地评估机构评估，估价报告有重大瑕疵而影响地价结果的提交地价会审会研究）--- 土地利用处收件归档 --- 窗口正式受理。技术审查不计入审批办理时限。

2. 正式审批：市国土规划局窗口受理 --- 土地利用处经办人办理 --- 处长审查 --- 分管局长审核 --- 局长签发 --- 经办人办结归档 --- 窗口出件并向建设单位提供下步办理告知单。

二、申报条件

1. 建设单位提交的材料齐全；

2. ×× 市国有建设用地供地方案批复同意按出让或租赁方式供地；

3. 土地评估机构已出具土地评估报告。

三、办理所需材料

1. 建设项目用地申请表和申请报告（原件）；

2. 土地权属证明文件：

使用国有建设用地上的自用地，需提供国有土地使用证（复印件）；使用国有建设用地上的其他单位用地（不涉及国有土地上房屋征收的），需提供土地转让（补偿）协议及原土地使用单位的国有土地使用证（复印件）；

使用国有建设用地涉及房屋征收的，需提供征收完毕确认书或拆迁验收完毕确认书（复印件）；使用新增建设用地的项目，需提供建设用地批准书（复印件）；

3.《规划设计条件》或《建设用地规划许可证》（复印件）；

4. 出让（租赁）宗地平面界址图、出让（租赁）宗地竖向界限图各 6 份（含城镇地籍测量资料 1 套及电子版）；

5. 企业法人工商执照或组织机构代码证、法定代表人身份证明（委托他人申报手续的还应提供由法定代表人出具的委托书和被委托人身份证明）（复印件）。

四、收费标准

1. 收费事项：土地出让价款、土地契税、印花税；

2. 收费标准：

（1）土地出让价款：依据《××市人民政府关于实施××市市区××年土地级别与基准地价标准的通知》（××号）文件收取；

（2）土地契税：根据《××省契税征收管理实施办法》（××号，××年）按成交价格的××%计征（征收主体为市地税局）；

（3）印花税：根据《××市地方税务局财政局国土规划局关于加强土地使用权出让（转让）合同印花税征管工作的通知》按合同金额的××%计征（征收主体为市地税局）。

备注：持《国有建设用地使用权出让合同》向国土规划局地籍处或分局申报办理《国有土地使用权证》，向国土规划局建筑与城市设计处申报办理《建设工程规划许可证》。

国有建设用地供应（划拨）流程

一、办理流程

1. 技术审查：市国土规划局窗口预受理 --- 土地利用处技术审查 --- 提交供地例会研究（需要进行土地评估的，由地空中心委托土地评估机构评估，估价报告有重大瑕疵而影响地价结果的提交地价会审会研究）--- 土地利用处收件归档 --- 窗口正式受理。技术审查不计入审批办理时限。

2. 正式审批：市国土规划局窗口受理 --- 土地利用处经办人办理 --- 处长审查 --- 分管局长审核 --- 局长签发 --- 经办人办结归档 --- 窗口出件并向建设单位提供下步办理告知单。

二、申报条件

1. 建设单位提交的材料齐全；

2. ××市国有建设用地供地方案批复同意按划拨方式供地；

3. 需要缴纳土地契税的建设项目，土地评估机构已出具土地评估报告。

三、办理所需材料

1. 国有建设用地供应申请表和申请报告（原件）；

2. 土地权属证明文件：

使用国有建设用地上的自用地，需提供国有土地使用证（复印件）；

使用国有建设用地上的其他单位用地（不涉及国有土地上房屋征收的），需提供土地转让（补偿）协议及原土地使用单位的国有土地使用证（复印件）；

使用国有建设用地涉及房屋征收的，需提供征收完毕确认书或拆迁验收完毕确认书（复印件）；

使用新增建设用地的项目，需提供建设用地批准书（复印件）；

3.《建设项目选址意见书》和《建设用地规划许可证》（复印件）；

4. 划拨宗地平面界址图、划拨宗地竖向界限图各 6 份（含城镇地籍测量资料 1 套及电子版）；

5. 企业法人工商执照或组织机构代码证、法定代表人身份证明（委托他人申报手续的还应提供由法定代表人出具的委托书和被委托人身份证明）（复印件）。

四、收费标准

不收取费用

备注：持《国有建设用地使用权出让合同》向国土规划局地籍处或分局申报办理《国有土地使用权证》，向国土规划局建筑与城市设计处申报办理《建设工程规划许可证》。

4 国有土地使用权收回

国有土地使用权收回是指人民政府依照法律的规定，收回用地单位和个人国有土地使用权的行为。

（1）国有土地使用权收回的三种形式

图 1-30 国有土地使用权收回的三种形式

国有土地使用权收回有三种形式：

形式 1：行政处罚“收回”

行政处罚的“收回”是指因土地使用者违反了法律法规禁止性规定，被人民政府或土地行政主管部门依照法律法规的规定收回土地使用权。这种“收回”首先是因为土地使用者发生了法律法规禁止的行为；其次，法律法规规定对这种违反法律法规的行为必须给予无偿收回土地使用权的惩处。

形式 2：土地使用权期满的“收回”

土地使用权期满的收回是指出让的国有土地使用权期满后，由于土地使用者未申请续期，或者虽申请续期但未获批准，依照出让合同的约定，土地使用权由国家无偿收回。

形式 3：其他法定事由的“收回”

其他法定事由的“收回”是指土地使用者在没有违反法律法规禁止性规定的情况下，因发生某种法律法规规定应当收回土地使用权的事件，而被土地行政主管部门收回土地使用权。需要说明的是，发生的事件可能是土地使用者自己的原因，如单位迁移、解散、撤销、破产，也可能是国家方面的原因，如为了公共利益，或者为了实施城市规划。

（2）收回国有土地使用权的六种情况

①为公共利益需要使用土地的，包括城市基础设施、公益事业建设，国家重点扶持的能源、交通、水利、矿山，军事设施等建设需要使用土地的，不管是划拨土地还是出让未到期的土地，经政府批准都可以行使国有土地收回权。

②为实施城市规划进行旧城区改造，需要调整使用土地的。城市国有土地使用权是城市旧城改造中遇到的难题。实际上，旧城改造中不是将土地使用权收回，而是要对土地使用权进行重新调整。

③土地出让等有偿使用合同约定的使用期限届满，土地使用者未申请续期或者申请续期未获批准的。

④因单位撤销、迁移等原因，停止使用原划拨的国有土地的。

⑤公路、铁路、机场、矿场等经核准报废的。

⑥违约收回土地使用权。

（3）国有土地使用权收回流程

收回土地使用权的批准权限是有批准权的人民政府或原批准用地的人民政府，而具体组织实施收回工作的，既可以是县级以上人民政府，也可以是有关人民政府的土地行政主管部门。

依法以有偿出让、转让方式取得的土地使用权，根据社会公共利益需要拆迁其地上房屋时，对该土地使用权如果视为提前收回处理，则应在拆迁补偿估价中包括土地使用权的补偿估价。在具体操作中，一般由行使土地使用权收回的人民政府及其土地行政主管部门与土地使用者具体协商确定。

三 农村集体建设用地管理

农村集体建设用地管理的核心内容，是集体建设用地使用权的管理，主要包括农村集体建设用地使用权的权属管理、用地规划和布局、用地标准及审批以及土地违法查处等。

农村集体建设用地管理的对象是乡（镇）村建设用地。农村集体建设用地管理，既不是对国家建设用地的管理，也不是对农村集体土地所有权的管理，而是对农村集体土地的用途管制。这是农村集体建设用地管理同国家建设用地管理的主要区别所在。

农村集体建设用地主要是通过集体所有土地使用权转移的方式取得，不改变土地所有制的性质。乡（镇）村建设用地属于农民集体所有，在一般情况下，其所有权和使用权是相分离的。乡（镇）村企业对其建设用地只有使用权，没有所有权；农村居民的住宅用地的所有权，归农民集体所有，各农村的居民只有使用权，没有所有权。乡（镇）村建设用地的所有权与地上建筑物和其他设施的所有权一般也是分离的。

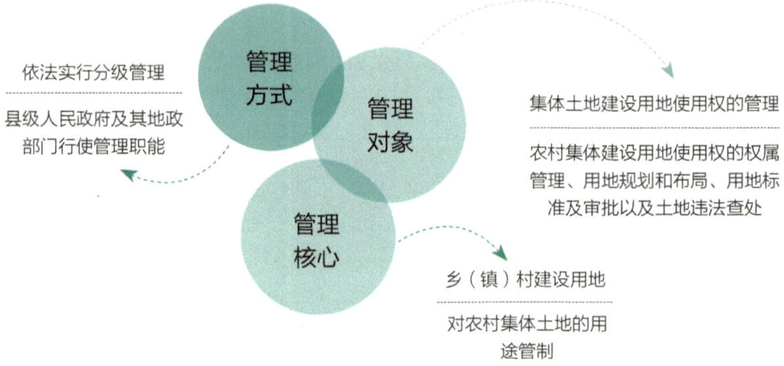

图 1-31 农民集体建设用地管理情况

农村集体建设用地依法实行分级管理。县级人民政府及其地政部门是行使管理职能的最重要的责任者。乡（镇）村各级集体经济组织仅作为集体土地所有权主体的代表，行使经营管理权，它不能代行行政管理的职能。

1 农村集体建设用地的使用范围及原则

按照《土地管理法》第 43 条规定，使用农民集体所有的建设用地有以下三种情况：

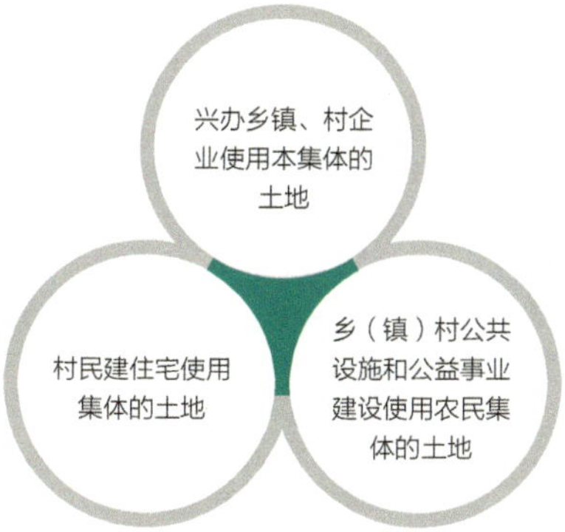

图 1-32 农民集体建设用地使用范围

（1）兴办乡镇、村企业使用本集体的土地

乡（镇）办企业、村办企业、村民组办企业、个人办企业均可使用所在农民集体组织的土地，而不允许使用其他集体所有的土地。农民集体组织用本集体所有土地与其他单位或个人以土地使用权入股、联营等形式共同举办企业的，视为使用本农民集体所有土地。

（2）村民建住宅使用集体的土地

农村集体居民，经过批准回原籍落户的职工，退伍军人，离、退休干部以及回家定居的华侨，港澳台同胞住宅建设可以使用集体的土地。一般情况下，城镇居民使用农民集体土地，或农民建住宅使用其他集体所有的土地是不允许的。

（3）乡（镇）村公共设施和公益事业建设使用农民集体的土地

包括农村道路、水利设施、学校、通讯、医疗卫生、敬老院、幼儿园、村委会办公室，不管是使用本集体所有的土地，还是其他集体的土地都是允许的。主要考虑一些道路、水利设施及学校等，在本集体土地内无法安排，需要使用其他村民小组土地的实际情况。因此，法律不能限制此类项目使用非本集体的土地。如果乡镇企业建设因本集体经济组织内无法安排，可以申请使用国有建设用地，按国有建设用地的规定办理。

乡镇企业、乡（镇）村公共设施、公益事业和农村村民建住宅，使用农民集体所有的建设用地都必须遵循以下原则：

图 1-33 农民集体建设用地使用原则

原则 1：必须为乡（镇）村建设项目需要

必须是乡镇企业、乡（镇）村公共设施、公益事业、农村村民住宅等乡（镇）村建设项目，方可使用农村集体建设用地。

原则 2：必须符合乡（镇）土地利用总体规划和土地利用年度计划

符合乡（镇）土地利用总体规划和土地利用年度计划，乡（镇）土地利用规划是集镇、村庄建设用地的最高原则，对没有农用地计划指标或超过农用地转用计划指标的，不得批准新增建设用地。

原则 3：必须依法取得县级以上人民政府批准

不论是乡镇企业、公共设施、公益事业还是农民宅基地都必须依法取得批准。否则都被视为非法占地，必须依法处理。如果涉及占用农用地的，必须依法办理农用地转用审批手续。

原则 4：必须严格控制占用耕地

严格控制占用耕地，建设占地与农村土地整理挂钩。原则上，农村建设用地的规模不得再扩大，如需扩大规模或占用耕地，必须对农村土地进行整理，增加耕地有效面积。

原则 5：必须遵守土地使用权转让前提

农民集体所有的土地的使用权不得出让、转让或者出租用于非农业建筑，但是符合土地利用总体规划并依法取得建设用地的企业，因破产、兼并等情形致使土地使用权必须转移的，应当严格依法办理审批手续。

2 农村集体建设用地的审批

《土地管理法》对乡（镇）村企业建没用地，乡（镇）村公共设施、公益事业建设用地，农村村民宅基地等农村集体建设用地的审批权限分别进行了规定，可以概括为以下两点：

表 1-31：农村集体建设用地审批权限

审批项目属性	审批机关	
涉及占用农用地	应当依照《土地管理法》关于农用地转用的审批权限规定由省级人民政府批准	县级或者乡级人民政府可以提出自己的审查意见，供省级人民政府批准时参考
除涉及占用农用地以外的	按照省级人民政府规定的批准权限，由县级或者县级以上地方人民政府批准	农村村民宅基地明确规定由县人民政府批准

（1）乡（镇）村企业建设用地的审批

乡镇企业用地，包括乡（镇）、村两级农村集体经济组织兴办的企业，农民集体联办的企业，农民个体企业以及农民集体与其他单位和个人联办的企业使用本集体所有的土地。

乡镇企业用地，要按照经批准的村镇建设规划的要求，合理布局，适当集中，依法办理用地审批手续。

表 1-32：乡（镇）村企业建设用地的审批流程

流程		内容
1	预申请	申请人持县级以上人民政府批准的设计任务书或其他文件，向土地所在地的县级以上政府地政部门提出用地申请
2	选址	县级地政部门根据有关用地计划控制指标，会同规划、环保等部门，依据经批准的乡（镇）村建设规划，确定适宜地址
3	正式申请	用地单位持上级主管部门正式批准的有关文件和总平面设计图，向地政部门正式申请用地，并按规定填写《建设用地申请表》
4	审核	县级以上人民政府地政部门接到用地申请后，应当依法对该申请及提交的有关资料进行审查、核实，并提出自己的审查意见

流程		内容
5	批准	对占用农用地的，由有批准权限的人民政府依法根据土地利用总体规划和有关政策审批；对占用其他土地的，由县级以上地方人民政府按照法律规定，依据乡（镇）土地利用总体规划和有关政策审批。经审查符合条件的，予以批准；否则，不予批准，并说明原因
6	拨付土地	经有批准权限的人民政府批准后，按照批准文件发给申请人《建设用地批准书》，建设项目所在地的县级以上地方政府地政部门据此拨付土地，并组织现场放线，准许施工
7	发证	项目竣工后，县级以上地方人民政府地政部门要组织验收。经验收，符合批准用地要求的，依法办理登记手续，发给《集体土地建设用地使用证》

链接

乡（镇）村企业建设用地提交审批文件

《建设用地申请表》应写明：申请者的名称、地址和所属单位；建设项目的种类；申请用地的面积、种类（原宅基地、荒地、空闲地、耕地或者农用地等），及选址意向；其他有关事项。

在申请的同时，申请者应当向地政部门提交下列文件：

经批准的建设项目设计任务书或其他批准文件；

县级建设行政主管部门出具的选址意见书；

建设项目总平面布置图和地理位置图；

建设项目资金来源的证明材料及投资计划；

必要时，应当提交建设项目可行性研究报告；

环保等有关部门签署的意见；

法律规定或者地政部门要求提供的其他资料（如申请者的身份或者资格证明等），建设项目使用其他农村集体土地的，还必须附有与该组织签订的用地协议书。

以集体所有土地使用权作价、入股、联营等形式与其他单位或者个人共同兴办企业的，该土地使用权应当经过评估。申请时，应当提交依法成立的评估机构出具的评估证明书。

建设项目用地申请文件、资料报送齐备，地政部门立即承办审查报批工作。凡未按本规定报送，或所报送的文件、资料不全的，地政部门应通知限期补报，逾期不补，原件退回。

乡（镇）村企业建设用地，必须严格控制。各省、自治区、直辖市依照乡（镇）村企业的不同行业和经营规模，分别规定用地标准。乡（镇）村企业使用农民集体所有的土地，应当对被用地单位给予补偿，并妥善安置农民的生产和生活，乡（镇）村企业建设用地的补偿和标准，按各省、自治区、直辖市的具体规定执行。

（2）乡（镇）村公共设施、公益事业建设用地审批

乡（镇）村公共设施、公益事业建设用地是指农村基层政权组织及其农业集体经济组织为兴建各项生产、生活及社会服务设施和兴办各项公共福利事业的需要而依法使用的农村集体土地。

表 1-33：乡（镇）村公共设施、公益事业建设用地审批流程

流程		内容
1	申请	乡（镇）村公共设施、公益事业建设，需要使用土地的，建设单位首先向其所在地的乡级人民政府提出申请。经乡（镇）人民政府审核，向县级以上地方人民政府地政部门正式提出申请。用地单位应按规定填写《建设用地申请表》
2	审核	县级地政部门依据乡（镇）村建设计划控制指标和乡（镇）村建设规划，会同有关部门安排适宜的地址，并依法对该申请及提交的有关资料进行审查、核实，并提出审查意见。 地政部门审核后，应分下列情况上报：①涉及占用农用地的，逐级上报省级人民政府批准；②占用其他土地的，按照省级人民政府规定的批准权限，逐级上报有批准权限的地方人民政府批准

3 农用地转用审批

农用地转为建设用地应当办理农用地转用审批手续。农用地转用审批指农用地按照土地利用总体规划转变为建设用地的审批权限和审批程序。

（1）农用地转用条件及依据

农用地转变为建设用地，分为两种情况：一是在土地利用总体规划确定的城市、村庄和集镇规划区范围内农用地转为建设用地的；二是土地利用总体规划确定的城市、村庄和集镇规划区范围以外单独选址建设项目。每种情况都需要符合一定的条件。具体条件如下图：

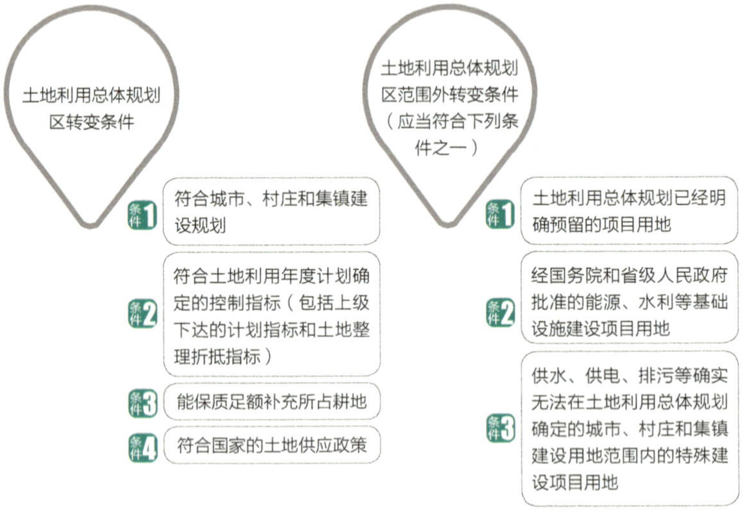

图 1-34 农用地转变为建设用地的条件

农用地转为建设用地有三大依据，分别是：土地利用总体规划、土地利用年度计划、建设用地供应政策。

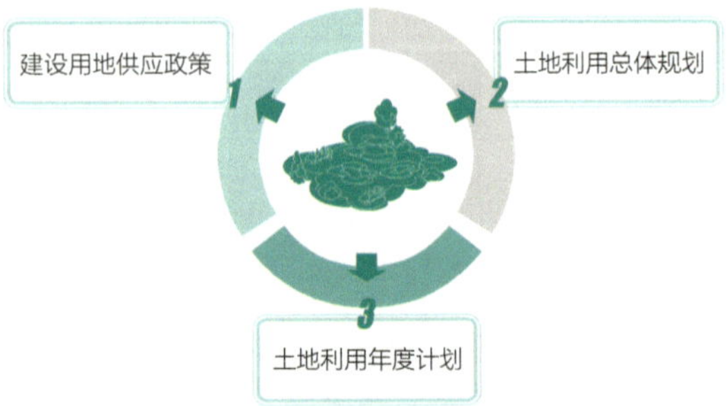

图 1-35 农用地转用依据

土地利用总体规划

农用地能否转为建设用地，首先应当看其是否符合土地利用总体规划规定的规划用途。国务院批准的大型能源、交通、水利等基础建设用地需要改变土地利用总体规划的，根据国务院批准的文件修改规划。

省级人民政府批准的能源、交通、水利等基础设施建设项目与省级人民政府批准的土地利用总体规划不符的，或虽未纳入规划，但已经通过建设项目用地预审的，按照建设项目用地预审意见的具体要求及时调整规划。

土地利用年度计划

土地利用年度计划是国家实行建设用地宏观控制的有效措施。土地利用计划中，包括了农用地转为建设用地的计划。其目的是控制建设项目大量占用农用地，造成耕地大量减少和农业生态环境的破坏。

建设用地供应政策

这是控制建设用地方向的主要手段，通过制定建设用地的供应政策，不但有利于控制建设用地总量，防止大量占用农用地，还可以优化投资结构，防止重复建设，促进国民经济的协调发展。

（2）农用地转用审批权限及流程

根据中央确定的土地要实行集中统一管理的原则，《土地管理法》对农用地转为建设用地实行两级审批的制度，即国务院和省级人民政府。但考虑到我国的实际情况，将乡村企业、农村公共设施、公益事业和农民宅基地等占用农用地的，授权地（市）级人民政府审批。

表 1-34: 农用地转用审批权限

<table>
<tr><th>审批项目</th><th colspan="2">审批权限</th></tr>
<tr><td rowspan="4">国务院批准的项目用地</td><td>国务院批准的建设项目占用农用地的</td><td>按照国家基本建设程序规定，由国务院及国务院有关部门批准可行性研究报告的项目，并且是在城市建设用地区之外需要单独选址的项目；
国务院和国务院有关部门批准的能源、交通、水利、矿山等项目；
中央军委批准建设的军事项目用地</td></tr>
<tr><td colspan="2">省、自治区、直辖市人民政府批准可行性研究报告的铁路、公路、各种管线及大型的能源、交通、水利等基础设施需要在城市建设用地区外单独选址的项目用地</td></tr>
<tr><td>城市建设用地区内统一征地的，包括直辖市，省、自治区人民政府所在地城市、城区人口在100 万以上的其他城市，以及国务院指定的其他城市用地</td><td>城市本身用地需要报国务院审批；
一些市设的开发区、卫星城将按城市市区同样对待，需报国务院批准</td></tr>
<tr><td>涉及基本农田的</td><td>农用地转用需要报国务院批准</td></tr>
</table>

审批项目	审批权限
省级人民政府批准的项目用地	除了报国务院审批之外的其他城市的市区占用农用地的
	县和县级市所在的城镇及其他城镇建设占用农用地的
	地、市以下政府批准可行性研究或建设项目需要占用农用地的
省级人民政府批准或省级人民政府可以授权设区的市、自治州的批准项目用地	乡镇土地利用总体规划确定的村庄、集镇建设用地区内的农民宅基地、乡村企业、乡村公共设施、公益设施建设占用农用地的
	农村道路、水利及其他设施建设可以使用农村集体所有农用地的

表 1-35：农用地转用审批流程

流程		内容
1	咨询	用地单位应首先向国土、规划、建设部门咨询该农用地是否符合各项规划：土地利用总体规划、城市建设总体规划和土地利用年度计划
2	编制文件	确认该农用地可以用于建设后，再根据建设部门的要求，进行和编制建设项目可行性论证，向建设部门提交用地申请，建设部门审查符合的，颁发建设项目的《选址意见书》，用地单位应按规定缴纳选址规费
3	预审申请	用地单位持《选址意见书》向同级国土资源局提出用地预审申请，由该国土资源局核发《建设项目用地预审报告书》
4	缴纳费用	用地单位凭《建设项目用地预审报告书》向建设部门、环保局等办理立项、规划、环保许可等手续，并缴纳各项审批费用
5	正式申请	用地单位再持以上审批文件，向原预审的国土资源局提出项目用地的正式申请
6	受理	国土资源局根据土地利用总体规划、城市建设总体规划和土地利用年度计划，拟定农用地转用方案、补充耕地方案、征地方案和供地方案，分不同类型，经各级人民政府审批
7	办理征地手续	由国土资源局具体负责对该农用地的所有权人和使用权人进行征用，签订补偿安置协议，按征地程序办理征地手续
8	核发文件	国土资源局根据批准的供地方案，在征地的补偿、安置补助完成后，向用地单位发出批准用地文件和《建设用地批准书》，被征地单位应在规定的期限内交出土地

（3）农用地转用申请

在土地利用总体规划确定的城市、村庄和集镇建设留用地范围内，市、县为实施城市规划、村庄和集镇建设规划，涉及农用地转用的，由市、县人民政府根据土地利用年度计划和土地整理折抵建设用地指标，集中统一逐级向批准土地利用总体规划的人民政府分批次提出申请。一次报批农用地转用涉及2个或2个以上乡镇的，市、县人民政府土地行政主管部门要以乡（镇）为单位分别填写《农用地转用呈报表》，并拟定《农用地转用方案》和《耕地补充方案》。

在土地利用总体规划确定的城市、村庄和集镇建设用地规划区范围以外单独选址的建设用地项目，涉及农用地转用的，由建设单位持建设项目的有关批准文件，向土地所在地的市、县（市）人民政府土地行政主管部门提出农用地转用申请，由市、县（市）人民政府土地利用规划部门对农用地转用申请进行审查，同意转用的，拟定《农用地转用方案》报有批准权限的机关批准。

使用土地整理折抵指标的建设项目用地，属于土地整理项目本身使用耕地的，如整理区农户动迁安置、企业厂房迁建等需异地建设的项目，不需办理农用地转用手续，除此之外的建设用地需要使用土地整理折抵建设用地指标的，都必须办理农用地转用手续。由呈报土地整理项目的市或县（市、区）人民政府土地行政主管部门提出申请，填写《农用地转用呈报表》。

（4）农用地转用方案编制

农用地转用方案是由市、县人民政府土地行政主管部门负责编制。农用地转用方案的内容应当说明：拟占用农用地的种类、位置、面积、质量、补充的期限、资金落实情况等，以表格的形式填写。同时另附以下材料：

①上级下达的土地利用年度计划或土地整理折抵建设用地指标的使用台账（复印件）；

②乡（镇）土地利用总体规划图，比例尺为 1 ∶ 10000；

③建设项目可行性研究时，县级人民政府负责土地利用规划工作的部门提出具体的预审意见，即《农用地转用审查意见表》。

链接

农用地转用、土地征用和建设用地之间的关系

现行《土地管理法》设定了农用地转用权、土地征用权和建设用地审批权，下面分三种情况分别叙述它们之间的关系。

城市建设区外的建设项目用地指必须在城市建设用地区外选址，使用国有建设用地的建设项目用地。如果是使用集体所有农用地的，要经过农用地转用、土地征用和建设用地划拨或出让三

个步骤。使用集体建设用地，则不需办理农用地转用，使用国有农用地的则不需办理土地征用，程序上作相应简化。

农用地转用批准权属于国务院，而征用土地权限属于国务院或省级人民政府，国务院批准农用地转用时，同时批准征用土地和建设用地，不再另行办理征地和建设用地审批。

农用地转用和征用土地审批在省、自治区、直辖市人民政府权限内的，省、自治区、直辖市人民政府批准农用地转用时，同时批准征用土地和建设用地。

农用地转用属省级人民政府批准权限内，而征用土地属国务院批准权限内的，先由省级人民政府办理农用地转用审批，再报国务院批准征用土地和建设用地。

征用土地方案的实施和办理国有土地使用权的出让或划拨的具体手续，由当地县、市人民政府土地行政主管部门负责。

4 农村集体建设用地的收回

《土地管理法》规定，当出现某种法律实施或原因时，农村集体经济组织报经原批准用地的人民政府批准，可以收回土地使用权。收回土地使用权，是指可以收回农村集体的建设用地使用权，不包括农用地使用权和农村集体土地的承包经营权。

（1）收回集体土地使用权的条件

根据《土地管理法》规定，如果存在以下三个条件中的任意一个，农村集体经济组织报经批准可以收回土地使用权：

图 1-36 收回集体土地使用权的三个条件

条件 1：为乡村公共设施和公益事业建设，需要使用的土地

乡（镇）村公共和公益事业建设项目要经有批准权限的县级以上人民政府或其主管部门批准。公共和公益事业建设应尽量利用未被其他单位或个人使用的土地，确需利用已为其他单位或个人使用的土地的，才可依法收回土地所有权。对土地使用权人造成损失的，农村集体经济组织应当给予补偿，原土地使用者及地上建筑物需要搬迁的，农村集体经济组织应当负责搬迁。

条件 2：不按照批准的用途使用的土地

单位和个人依法取得农村集体土地使用权后，必须按照其申请建设用地时被有权限的人民政府批准的土地用途使用土地，这是土地使用者使用土地的法定义务。不按照批准的用途使用土地，就是指单位或者个人取得集体土地使用权后，擅自改变依法批准的用途，将土地用于其他建设项目或者目的。

例如，农村居民利用政府批准的宅基地建设砖厂烧砖，单位或者个人将批准用于建设乡（镇）企业的土地用于建造住宅，将政府批准的建设用地非法出租转让等，这些都是土地使用者擅自改变土地用途的违法行为。当土地使用者未按照批准的用途使用土地时，农村集体经济组织有权依法收回其土地使用权。这实际上是对违法使用土地行为的一种惩处。

在出现这种情况时，农村集体经济组织或者地政部门可以先责令违法者停止违法行为，采用改正措施，恢复批准的土地用途；如果当事人不予纠正，农村集体经济组织再依法收回土地使用权，并不予补偿。

条件 3：因撤销、迁移等原因而停止使用的土地

因撤销、迁移等原因而停止使用的土地，是指乡镇企业、公益事业、公共设施的所有者及其他用地单位和农户因某种原因被撤销、或迁移至其他地方，不再需要使用或违法使用该土地的，可以由农民集体经济组织收回土地使用权，重新安排使用，但不包括企业的破产和兼并等情形。

（2）收回农村集体建设用地土地使用权的审批

根据《土地管理法》规定，农村集体经济组织要收回土地使用权，必须报经原批准用地的人民政府批准。

表 1-36：收回农村集体建设用地土地使用权审批流程

流程		内容
1	申报	农村集体经济组织收回土地使用者使用的土地，应当依法向乡级人民政府或者县级以上土地管理部门申报
2	审核	乡级人民政府或者县级以上地政部门应及时对农村集体经济组织的申报进行审查、核实，提出审查意见。然后，按规定报经原批准机关批准
3	批准	原批准的人民政府经审查符合法律规定收回条件的，予以批准；否则不予批准
4	收回和销证	对于批准收回的，县级以上人民政府地政部门应当实施收回工作，依法将原土地返还给农村集体经济组织，并收回集体土地使用证，予以注销。原使用土地的单位或者个人应当交还被依法收回的土地，拒不交付的，地政部门可依法申请强制执行

备注：
1. 对于为了乡（镇）村公共设施和公益事业建设而收回土地的，在收回过程中，应当按照规定对土地使用者进行适当的补偿。
2. 土地使用者对收回建设用地使用权的审批不服的，可依法向上级机关申请复议或者向人民法院提起行政诉讼。

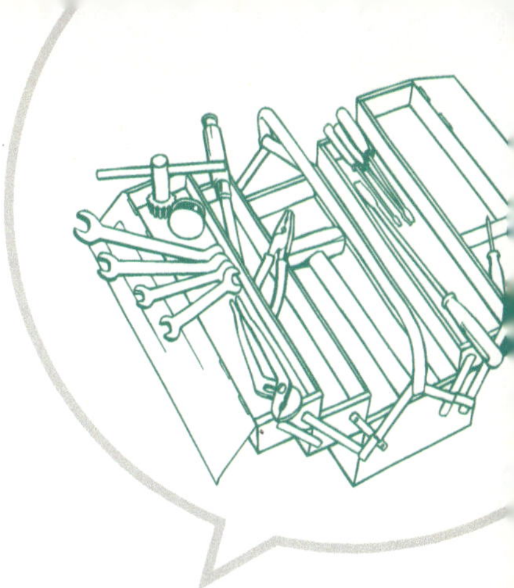

第二章

ChapterTWO

土地规划政策及审批流程

土地规划也称土地利用规划，是一种社会经济规划，也是土地资源利用的一种宏观控制战略措施。

土地利用规划控制着中期和年度的土地利用规划即土地利用计划，土地利用规划是土地利用计划的编制与实施依据，并且依托土地利用计划对土地市场和房地产市场供应量产生直接的影响。

土地利用规划管理

土地利用规划管理体系
土地利用规划体系

建设用地规划管理

建设用地规划管理工作
建设用地规划阶段管理
城市用地规划指标
城市用地规划管理
开发地产项目过程规划管理

建设用地申请表单

用地类
规划类
建设工程

第一节

土地利用规划的管理政策

土地利用规划管理实质上是政府对未来土地利用及其发展趋势所作的预先估算过程。土地利用规划的目的在于在维持人类生存的情况下，优化土地利用。

一 土地利用规划管理体系

土地利用规划体系是由不同类型、性质、等级、层次以及不同内容和时序的土地利用规划所组成，并形成相互联系的有机整体。

1 土地利用规划分类

我国现行的土地利用规划是以土地利用总体规划为主体的一个多层次的规划体系，具体包括以下分类。

①根据时限长短不同，土地利用规划可分为长期规划、中期规划和短期规划。

图 2-1 三类规划年限

一般来说，长期规划的年限一般都在 10 年以上，短期规划的年限少于 5 年，中期规划的年限为 5 ～ 10 年。其中，土地利用总体规划属于长期规划，它是编制中、短期土地利用规划和年度用地计划的依据。

②根据规划范围的大小，可将土地利用规划分为国家规划和地方规划。

③根据行政区域范围的不同，我国将规划分为全国、省级、地市级、县（市）级、乡（镇）级五个层次。

表 2-1：按行政区域划分的五个规划层级

土地利用规划层级	性质	特点
全国性	战略性、政策性规划	为国家的宏观经济环境调控提供依据
省级	政策性规划	省级行政区在我国区域范围都比较大，经济结构、产业结构、土地利用结构都比较完整
地市级	政策性规划	它是由省级规划向县级规划的过渡层次
县（市）级	管理型规划	作为总量控制的最基本层次，重在定性、定量、定位的落实，提高规划的可操作性
乡（镇）级	实施型规划	处于规划的最低层次，规划成果以规划图为主，为用地管理提供直接依据

④根据规划的性质，土地利用规划可分为土地利用总体规划、土地利用专项规划和土地利用详细规划。

⑤根据分级管理的原则，土地利用总体规划可以分为行政区土地利用总体规划和跨行政区土地利用总体规划。

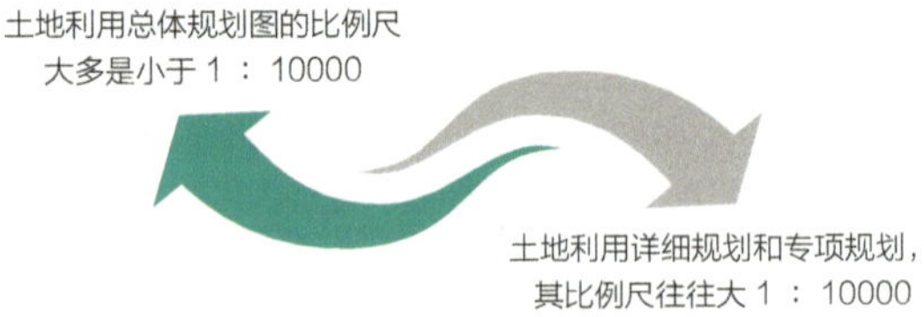

图 2-2 土地利用规划比例尺对比

2 土地利用规划用途分类

表 2-2：土地利用规划用途分类表

一级类	二级类	三级类
建设用地	城乡建设用地	城市用地
		建制镇用地
		农村居民点用地
		采矿用地
		其他独立建设用地

一级类	二级类	三级类
建设用地	交通水利用地	铁路用地
		公路用地
		民用机场用地
		港口码头用地
		管道运输用地
		水库水面
		水工建筑用地
其他土地	其他建设用地	风景名胜设施用地
		特殊用地
		盐田
	其他土地	—
	水域	河流水面
		湖泊水面
		滩涂
	自然保留地	—

表 2-3：各土地类型含义

土地类型	含义
建设用地	指建造建筑物、构筑物的土地。包括居民点用地、独立工矿用地、特殊用地、风景旅游用地、交通用地、水利设施用地等
城乡建设用地	指城镇、农村区域已建造建筑物、构筑物的土地。包括城市、建制镇、农村居民点、采矿用地等
城市用地	指城市居民点，以及与城市连片的和区政府、县级市政府所在地镇级辖区内的商服、住宅、工业、仓储、机关、学校等单位用地
建制镇用地	指建制镇居民点，以及辖区内的商服、住宅、工业、仓储、学校等企事业单位用地
农村居民点用地	指农村居民点，以及所属的商服、住宅、工矿、工业、仓储、学校等用地
采矿用地	指独立于居民点之外的采矿、采石、采砂（沙）场，砖瓦窑等地面生产用地及尾矿堆放地（不含盐田）
其他独立建设用地	指采矿地以外，对气候、环境、建设有特殊要求及其他不宜在居民点内配置的各类建筑用地
交通水利用地	指城乡居民点之外的交通运输用地和水利设施用地。其中，交通运输用地是指用于运输通行的地面线路、场站等用地，包括公路、铁路、民用机场、港口、码头、管道运输及其附属设施用地；水利设施用地是指用于水库、水工建筑的土地
铁路用地	指用于铁道线路、轻轨、场站的用地。包括设计内的路堤、路堑、道沟、桥梁、林木等用地
公路用地	指用于国道、省道、县道和乡道的用地。包括设计内的路堤、路堑、道沟、桥梁、汽车停靠站、林木及直接为其服务的附属用地
民用机场用地	指用于民用机场的用地
港口码头用地	指用于人工修建的客运、货运、捕捞及工作船舶停靠的场所及其附属建筑物的用地，不包括常水位以下部分

土地类型	含义
管道运输用地	指用于运输煤炭、石油、天然气等管道及其相应附属设施的地上部分用地
水库水面	指人工拦截汇集而成的总库容≥ 10 万立方米的水库正常蓄水位岸线所围成的水面
水工建筑用地	指除农田水利用地以外的人工修建的沟渠(包括渠槽、渠堤、护堤林)、闸、坝、堤路林、水电站、扬水站等常水位岸线以上的水工建筑用地
其他建设用地	指城乡建设用地范围之外的风景名胜设施用地、特殊用地、盐田
风景名胜设施用地	指城乡建设用地范围之外的风景名胜（包括名胜古迹、旅游景点、革命遗址等）景点及管理机构的建筑用地
特殊用地	指城乡建设用地范围之外的、用于军事设施、涉外、宗教、监教、殡葬等的土地
盐田	指以经营盐田为目的，包括盐场及附属设施用地
其他土地	指农用地和建设用地以外的土地
河流水面	指天然形成或人工开挖河流常水位岸线之间的水面，不包括被堤坝拦截后形成的水库水面
湖泊水面	指天然形成的集水区常水位岸线所围成的水面
滩涂	指沿海大潮高潮位与低潮位之间的潮浸地带，河流、湖泊常水位至洪水位间的滩地；时令湖、河洪水位以下的滩地；水库、坑塘的正常蓄水位与最大洪水位间的滩地；生长芦苇的土地
自然保留地	指水域以外，规划期内不利用、保留原有性状的土地，包括冰川及永久积雪、沼泽地、荒草地、盐碱地、沙地、裸地、高原荒漠、苔原等

二 土地利用规划体系

土地利用规划规划体系由土地利用总体规划、土地利用详细规划（含城镇土地利用规划、乡村土地利用规划、土地开发整理项目规划设计等）、土地利用专项规划(含土地开发整理规划、基本农田保护规划、土地综合整治规划等）组成。

1 土地利用总体规划

土地利用总体规划是在一定规划区域内，根据当地自然和社会经济条件以及国民经济发展的要求，确定调整土地利用结构和利用布局的宏观战略措施。

（1）土地利用总体规划内容

土地利用总体规划应当包括下列内容：

①现行规划实施情况评估；

②规划背景与土地供需形势分析；

③土地利用战略；

④规划主要目标的确定，包括：耕地保有量、基本农田保护面积、建设用地规模和土地整理复垦开发安排等；

⑤土地利用结构、布局和节约集约用地的优化方案；

⑥土地利用的差别化政策；

⑦规划实施的责任与保障措施。乡（镇）土地利用总体规划可以根据实际情况，适当简化前款规定的内容。

土地利用总体规划根据不同行政层级，规划内容略有不同。

表 2-4：不同行政层级土地利用总体规划重点

土地行政层级	土地利用总体规划重点
省级土地	1. 落实国家级土地利用任务情况； 2. 给出重大土地利用问题的解决方案； 3. 指明各区域土地利用的主要方向； 4. 调控市（地）级土地利用计划； 5. 安排土地利用重大专项项目； 6. 创新规划实施机制
市级土地	1. 落实省级土地利用任务； 2. 安排土地利用规模、结构与布局； 3. 制定土地利用分区及分区管制规则； 4. 控制中心城区土地利用情况； 5. 调控县级土地利用； 6. 安排重点工程； 7. 落实规划实施责任
县级土地	1. 落实市级土地利用任务； 2. 具体安排土地利用规模、结构和布局； 3. 制定土地用途管制分区及其管制规则； 4. 划定城镇村用地扩展边界； 5. 确定土地整理复垦开发重点区域
乡（镇）土地	1. 落实基本农田地块； 2. 落实县级规划中土地用途分区、布局与边界； 3. 确定各地块土地用途； 4. 划定镇和农村居民点用地扩展边界； 5. 安排土地整理复垦开发项目

（2）土地利用年度计划

土地利用年度计划是根据土地利用总体规划和国民经济发展计划，对年度内各项用地数量的具体安排（包括新增建设用地量，土地开发整理补充耕地量和耕地保有量计划指标以及土地开发整理计划指标等的具体安排）。

土地利用年度计划一经批准下达，必须严格执行。因特殊情况需要增加新增建设用地年度计划的，应按规定程序报国务院审定。实际新增建设用地面积超过当年下达计划的，扣减下一年度相应计划指标。

2 土地利用专项规划

土地利用专项规划是在土地利用总体规划的框架控制下，对土地开发利用、复垦、整治、整理和保护等某一专门问题而进行的规划，是对土地利用总体规划的补充和深化。

土地利用专项规划可以根据专项规划作用和地位或研究对象的不同进行分类。

表 2-5: 土地利用专项规划分类

分类标准	类别
作用和地位	一类是为改善和保护土地的生态环境，提高土地利用率和产出率，保证土地资源持续利用为主的专项规划
	一类是属于产业部门用地的专项规划
研究对象	土地开发规划，土地复垦规划，土地整治规划，土地保护规划，土地整理规划（如基本农田保护区规划和自然保护区规划）等

根据专项规划研究的不同对象，土地利用专项规划可以分为以下五类：

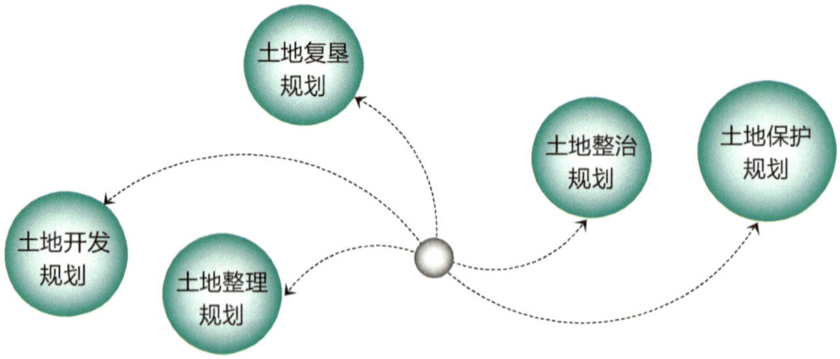

图 2-3 五种不同对象的土地利用专项规划

（1）土地开发规划

土地开发规划是以土地开发为核心内容。土地开发规划形式通常分为农用地开发规划和城镇土地开发规划。

城镇土地开发规划根据土地开发所在区域的不同，可以分为新区开发和旧城改造。

表 2-6：城镇土地开发规划类别

土地性质	规划范围	规划要求
新区开发	在原有城镇建成区范围以外	开发前要编制规划，要处理好新区和建成区的关系
旧城改造	在原有城镇建成区范围内	必须符合城镇总体规划

城镇土地开发规划主要包括 7 项内容：

①土地勘测调查和社会经济情况的调查；

②土地开发的可行性论证；

③开发区的总体布局与功能分区；

④水、电、道路等基础设施的规划布局；

⑤小区规划设计；

⑥土地开发实施计划，包括开发时间、规模、地段、开发顺序等；

⑦土地开发管理。

（2）土地整治规划

土地整治规划以土地整治为核心内容。土地整治主要包括水土流失地的整治、盐碱地的整治、风沙地的整治、沼泽化土地整治、红黄壤综合整治等类型。

城镇土地整治规划工作包括划分土地整治类型、确定土地整治措施、进行土地整治效果评价和可行性研究、提出土地整治实施方案、项目竣工验收标准、实施计划和管理办法。

（3）土地复垦规划

凡在生产建设过程中，因挖损、塌陷、占压等造成破坏的土地，采取整治措施，使其恢复到可利用的状态称作土地复垦。

土地复垦规划按废弃地的类型可分为矿山开发废弃地复垦规划，煤矿塌陷地复垦规划，交通、水利等工程压挖地复垦规划，废弃宅基地复垦规划等。

城镇土地复垦规划工作包括复垦土地调查和预测、适宜性评价、确定土地复垦方案、进行复垦工程设计。

（4）土地保护规划

土地保护规划是指在一定历史条件下，人们从保障土地生态环境或满足社会需要出发，为防止土地退化及不合理占用土地等，以一定的政策、法律和经济手段，对某些区域或地块所采取的限制和保护措施。

（5）土地整理规划

土地整理是将土地利用的分布状况加以重新调整，通过调整使土地利用方式、强度和结构适应特定时期的特定目标。

土地整理包括农地整理和非农地整理。农地整理的主要目的是提高耕地质量，增加有效耕地面积，改善农业生产条件和生态环境。

城镇土地整理规划工作包括提出土地整理的任务，确定需要进行土地整理的地域范围，分析和论证土地整理的必要性和可行性，明确土地整理的土地利用潜力，制定土地整理方案，落实土地整理所需的前提条件，制定整理后土地的处置方案和收益分配方法，提出土地整理规划实施措施。

3 土地利用详细规划

土地利用详细规划是在总体规划或土地利用专项规划的控制和指导下，直接对某一地段或某一土地使用单位的土地利用及其配套设施作出具体的安排，它是土地利用总体规划或土地利用专项规划的深入和细化。如农场土地利用规划、林场土地利用规划、村庄用地规划等。

土地利用详细规划从规划的作用来看，有两种类型，即控制性土地利用详细规划和开发性土地利用详细规划。

（1）控制性土地利用详细规划

控制性土地利用详细规划是地方政府为规范和控制土地使用者的微观土地利用行为而编制的规划，它详细规定了各类土地的使用范围、使用界线、使用强度、利用要求、限制条件等。

根据我国目前的土地使用情况，控制性土地利用详细规划主要有以下类型：

市（镇）土地利用规划

在我国，城市土地利用规划是城市规划最主要的内容。城市土地利用规划就是要代表社会整体利益和长远利益，统一协调城市千万个分散的土地利用活动，避免各种建设活动的互相干扰，消除土地利用的负面外部性影响。

城市土地利用控制性规划的主要内容包括合理地确定城市用地的总体布局与功能分区，规定各地段各种用途的具体用地范围、用地强度、用地要求和用地限制。

乡村土地利用规划

乡村土地利用规划是在城市（镇）以外的广大农村地域进行的。乡村土地以农业用地为主，兼有一定的村庄居民点用地、工业小区用地、交通水利设施用地、生态保护用地等。与城市（镇）土地不同，乡村土地主要由农业生产用地构成，它侧重于利用土地的生产功能。土地的利用方式受制于土地的适宜性。

乡村土地利用规划的主要内容就是合理地安排各类用地，在总体规划的基础上，详细编定各地块的具体用途，并对各类用地的要求、限制条件等作出具体规定，以便能够为土地用途管制提供依据。控制性的乡村土地利用详细规划的重点应是保护农地，尤其是保护基本农田。

（2）开发性土地利用详细规划

开发性土地利用详细规划则是为了指导某一地段、地块或某一土地使用单位的土地如何开发利用而进行的具体规划。

根据详细规划的不同对象，土地利用规划可以分为居民点用地规划、交通用地规划、水利工程用地规划、耕地规划、园地规划、林地规划、牧草地用地规划和水产用地规划等。

第二节

建设用地规划的管理政策

建设用地规划管理是对建设工程利用的土地，按照城市规划进行选址，根据建设工程用地要求确定用地范围，协调有关矛盾，综合提出土地利用的规划要求。

一 建设用地规划管理的五项工作内容

用地规划管理有五项工作内容，分别是：控制用地规划管理性质、核定土地利用开发强度、核定其他土地利用规划管理要求、确定建设用地范围和调整城市用地。

图 2-4 用地规划五项管理内容

1 控制用地规划管理性质

城市用地采用大类、中类、小类三个层次的分类体系，分为 10 大类、46 中类、73 小类。

表 2-7：城市用地 10 大类

序号	城市用地类别及代号	序号	城市用地类别及代号
1	居住用地（R）	6	道路广场用地（S）
2	公共设施用地（C）	7	市政公用设施用地（U）
3	工业用地（M）	8	绿地（G）
4	仓储用地（W）	9	特殊用地（D）
5	对外交通用地（T）	10	水域和其他用地（E）

2 核定土地利用开发强度

土地开发强度由容积率、建筑密度、建筑高度、绿地率等几项主要指标来核定。

表 2-8：土地利用开发强度指标

指标	计算方式
容积率	容积率（%）= 地面以上总建筑面积 ÷ 项目总用地面积
建筑密度	建筑密度 = 建筑物底层占地面积 ÷ 建筑用地面积
绿地率	绿地率（%）= 居住区用地范围内各类绿地面积的总和 ÷ 居住区用地面积

3 核定其他土地利用规划管理要求

城市规划对建设用地的要求是多方面的，应根据建设用地所在区位相应的规划予以确定，核查是否有道路穿越、是否要求布置绿化隔离带。

4 确定建设用地范围

通过审核建设工程总平面设计方案来确定建设用地范围。建设用地规划管理主要是审核建设工程的性质、规模和总平面布置是否符合规划设计和相关要求，据此确定用地范围。

5 调整城市用地

调整城市旧区布局混乱，各类用地混杂相间，工厂与住宅犬牙交错，道路狭窄弯曲，交通拥挤，市政设施基础差，容量不足的情况。

二 建设用地规划三个不同阶段的管理工作

建设用地规划包括建设项目选址规划和建设用地规划两方面内容。

建设用地规划管理工作分为三个阶段。

表 2-9：城市用地规划管理工作阶段

阶段	主要工作	办理证件
计划审批	选择和认定建设项目的建设用地，通过对建设项目从规划上引导和控制，保证城市规划的实施，同时也为计划审批提供规划依据	建设项目选址意见书
规划实施	确定用地范围，提出土地利用规划管理要求，核发建设用地规划许可证，为建设用地符合城市规划提供法定依据	建设用地规划许可证
批后管理	建设征用划拨土地的复核，用地情况监督检查和违章用地的检查处理	—

1 计划审批阶段：建设项目选址规划管理

建设项目选址规划管理，是城市规划行政主管部门根据城市规划及其有关法律、法规对建设项目地址进行确认或选择，保证各项建设按照城市规划安排，并核发建设项目选址意见书的行政管理工作。

实施建设项目选址规划管理有三个重要意义：

①保证建设项目的布点符合城市规划；

②对经济、社会发展和城市建设进行宏观调控；

③综合协调建设选址中的各种矛盾，促进建设项目前期工作的顺利进行。

（1）建设用地选址规划管理参考依据

图 2-5 建设用地选址规划管理参考依据

（2）需要申请选址意见书的三类项目

建设单位在申请建设项目选址意见书时应明确建设项目范围、办事程序、提交的资料等要求。以下三类项目需要申请选址意见书：

①新建、迁建需要利用土地的建设项目；

②原址改建需要利用本单位以外土地的；

③需要改变本单位土地利用性质的。

（3）建设项目选址意见书申请流程

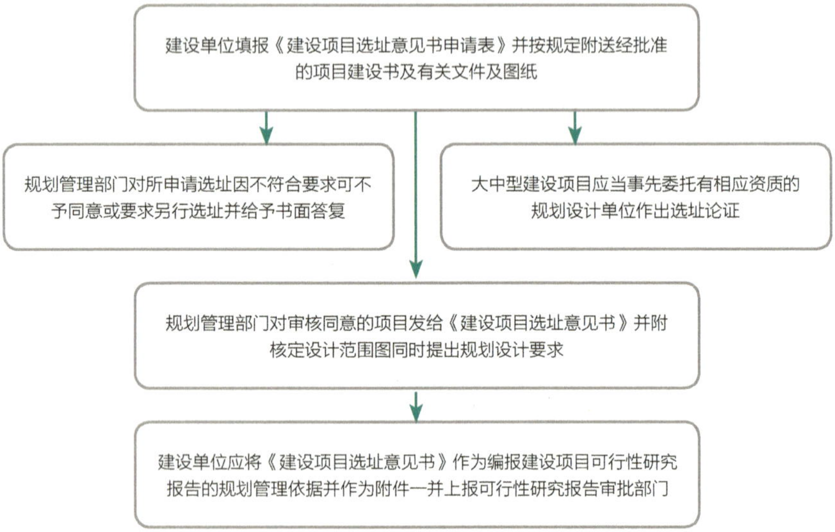

图 2-6 申请建设项目选址意见书流程

申请建设项目选址意见书需提交的资料：

①《建设项目选址意见书申请表》；

②已批准的建设项目建议书或其他有关计划文件；

③迁建或有选址意向的建设项目应呈送由规划管理部门认可的测绘院绘制的原址或选址地形图（1:500 或 1:1000）；

④原址改建需改变土地利用性质的，必须呈送土地权属证件（复印件）；

⑤大型建设项目应呈送由相应资质规划设计单位做的选址论证报告；

⑥有关建设项目情况的说明及其他有关图纸文件。

(4)两种不同土地获取方式的建设项目申报要求

行政划拨或征用土地方式取得土地使用权的建设项目和以国有土地使用权有偿出让方式取得土地利用权的建设项目需要申请项目选址意见书。

行政划拨或征用土地方式取得土地使用权的建设项目

采用这种方式获得土地使用权的建设项目需要由建设单位向规划管理部门申请办理建设项目选址意见书。

行政划拨或征用土地方式取得土地使用权的建设项目审核流程如下:

第一步,选择建设用地;

第二步,核定设计范围并提出土地利用规划要求,一般同时提出建设工程规划设计要求;

第三步,核发建设项目选址意见书。

此申办流程同样适用于单项建设工程或成片开发的建设工程。成片开发的建设工程必须有编制控规或详规。

以国有土地使用权有偿出让方式取得土地使用权的建设项目

采用这种方式获得土地使用权的建设项目申办项目选址规划意见书需由土地管理部门函请规划管理部门办理。

以国有土地使用权有偿出让方式取得土地使用权的建设项目申办流程:

第一步,确认国有土地出让地块的规划是否经过审批同意;

第二步,核定土地利用规划设计要求和规划设计要求;

第三步,函复土地部门,有的城市应函复城市土地使用制度改革领导机构。

2 规划实施阶段:建设用地规划管理

建设用地规划管理是城市规划管理的重要组成部分。在城市规划区内进行建设需要申请用地的，必须持国家批准建设项目的有关文件，向城市规划行政主管部门申请定点。

申办建设用地规划许可证包括申请流程和审批流程。

（1）建设用地规划许可证申请流程

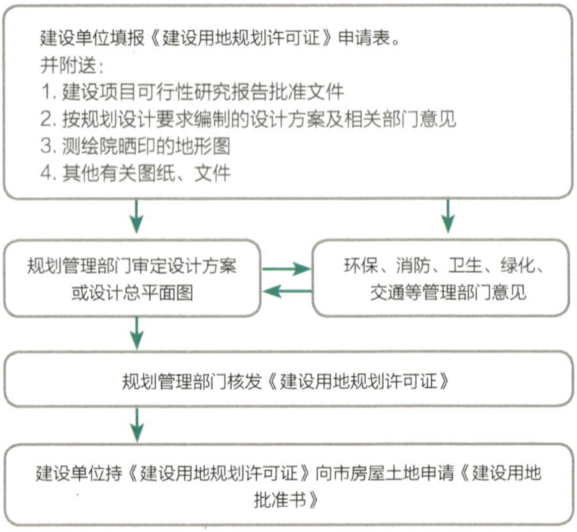

图 2-7 建设项目用地规划许可证申请流程

（2）建设用地规划许可证审核流程

在城市规划区内进行建设需要申请用地的，必须持国家批准建设项目的有关文件，向城市规划行政主管部门申请定点。

城市规划行政主管部门依据城市规划按照下列程序进行审核：

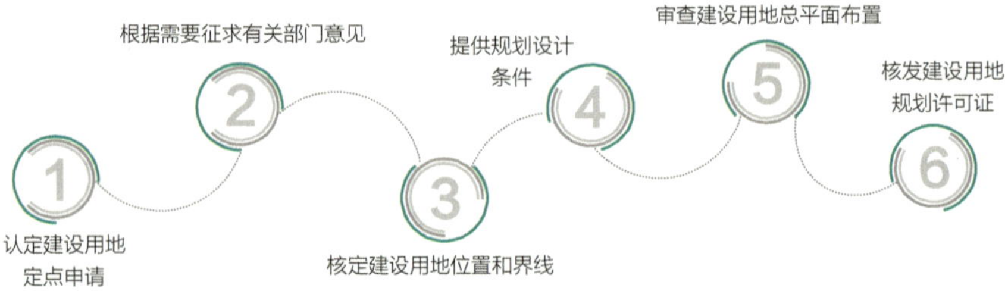

图 2-8 建设项目用地规划许可证审核流程

流程 1. 认定建设用地定点申请

建设用地单位向城市规划行政主管部门提出定点申请，城市规划行政主管部门审查建设项目有关文件，如设计任务书（可行性研究报告）、批准投资文件、城市规划行政主管部门核发的选址意见书等。如果符合受理申请条件和要求，则予以受理，否则不予受理。受理后填写建设用地定点申请表。

流程 2. 根据需要征求有关部门意见

建设项目用地涉及周围不少单位，如发生业务联系、协作关系、生活联系、邻里关系等，还会产生各种矛盾和互相影响，如污染较严重的项目，要经环保部门审核；有易燃易爆危险的项目，要征求公安消防部门审核；需要征用土地的，则需要征询土地管理部门的意见等。

流程 3. 核定建设用地位置和界线

根据城市规划要求和有关部门、单位意见，城市规划行政主管部门对建设用地单位提出的用地申请的位置和界线进行核定，初步划出该建设项目用地地址和红线范围。

流程 4. 提供规划设计条件

城市规划行政主管部门向建设用地单位提供规划设计条件，为进行该建设项目总平面规划设计提供依据。

表 2-10：规划设计条件主要内容

序号	主要内容
1	该建设用地的现状地形图，根据建设项目性质和所处位置提出拟征用土地范围或划拨用地范围，即用地红线
2	综合向各有关部门征询的意见后提出的城市规划行政主管部门的综合性意见
3	该建设用地的外部限制条件，包括山、水地形和四邻的建设情况及空间环境要求等
4	提出城市规划确定的道路红线位置、路幅及其规划要求等
5	规划设计要点，包括净空控制、绿地、排水方向、人防、防洪、建筑密度、容积率等要求
6	对于综合开发地区，还应当提出公用设施、市政设施以及公共服务设施的配套要求
7	其他方面的要求，如需要代征一部分市政设施的用地等要求

流程 5. 审查建设用地总平面布置

建设用地单位根据规划设计条件通知书的要求进行建设项目总平面布置（一般委托规划设计单位提出总平面布置图），然后交城市规划行政管理部门审查。主要审查其用地性质、规模和布局方式、运输方式是否符合规划要求，建筑与工程设施的布置是否符合合理用地、节约用地和规划设计条件通知书所规定的要求。

流程 6. 核发建设用地规划许可证

经有关领导审查批准后，城市规划行政主管部门正式确定该建设用地的位置、面积和界限，核发建设用地规划许可证。建设用地单位取得城市规划行政主管部门核发的建设用地规划许可证后才能到土地管理部门办理建设用地征用划拨手续。

3 批后管理阶段：批后监督检查

城市建设用地规划管理的批后监督、检查工作包括建设征用划拨土地的复核、用地情况监督检查和违章用地处理等。

表 2-11：建设用地规划批后主要工作

工作类型	工作内容
用地复核	在征用划拨土地的过程中地进行验证
用地检查	建设用地单位在使用土地的过程中，城市规划行政主管部门根据规划要求进行监督、检查工作；随时发现问题，解决问题，杜绝违章占地情况
违章处理	城市规划行政主管部门对违章占地行为发出违章占地通知书，责令其停止使用土地，进行违章登记，并进行违章占地处理。违章占地处理，包括没收土地、拆除地上地下设置物、罚款和行政处分等

有以下情况都算违章占地：
①凡是未领得建设用地许可证的建设用地；
②未领得临时建设用地许可证的临时用地；
③擅自变更核准的位置，扩大用地范围的建设用地和临时用地；
④擅自转让、交换、买卖、租赁或变相非法买卖租赁的建设用地和临时用地；
⑤改变使用性质和逾期不交回的临时用地等

在城市规划行政主管部门进行批后管理工作时，需要提交以下要件：

①建设项目用地规划许可证申请表；

②建设项目可研报告或设计任务的批复；

③建设单位的书面用地申请；

④建设项目选址意见书要求征得的相关部门意见；

⑤选址阶段要求做出的规划设计总平面图；

⑥地形图两份（1:500或1:1000）。

三 城市用地规划指标

对于城市用地规划指标，本文着重讲解“三区六线”和建设项目用地规划技术指标。

1 “三区六线”

“三区六线”是由《广东省中心镇规划指引》中提出的，适应广东省各小城镇，对于其他大中小城市没有要求，非中心镇也可不遵循。其他各省小城镇规划可以作为参考。

“三区”是指镇域范围内确定不准建设区（区域绿地）、非农建设区（城镇建设区）和控制发展区（发展备用地）三类地区的规模和范围。

“六线”即确定城镇建设与发展用地的空间布局和功能分区，以及镇中心区、主要工业区等位置、规模，建立城镇拓展区规划控制黄线、道路交通设施规划控制红线、生态绿地规划控制绿线、水域岸线规划控制蓝线、市政公用设施规划控制黑线、历史文物保护规划控制紫线。

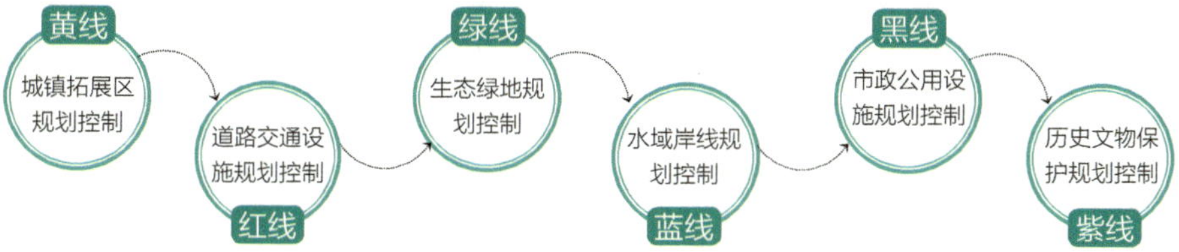

图2-9 规划六线内容

（1）城镇拓展区规划控制黄线

黄线是界定城镇新区、工业新区等非农建设用地范围的控制线。

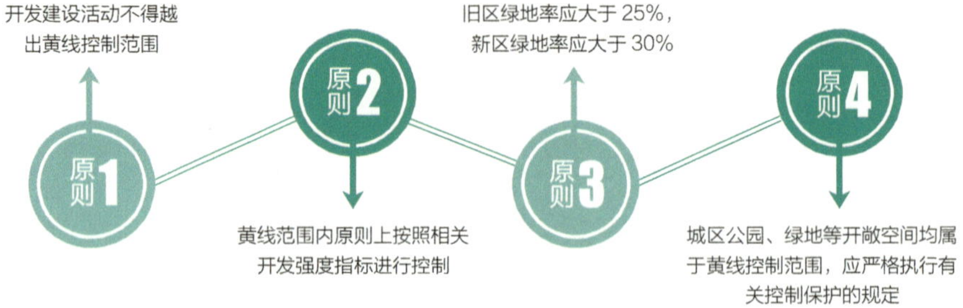

图 2-10 规划黄线控制原则

（2）道路交通设施规划控制红线

道路红线是界定道路与其他重要交通设施用地范围的控制线。

道路红线有两个作用：一是控制道路与重要交通设施用地的范围；二是限制各类道路红线沿线建（构）筑物地设置条件。

城市总体规划的道路红线，可根据交通设施类型与功能分为道路红线、铁路红线、站场及客货运中心红线。其中道路红线是总体规划的主要控制线，根据规划道路功能又分为城市对外交通道路、城市内部交通道路。

图 2-11 道路红线控制原则

表 2-12：不同类型道路红线控制原则

类型	控制原则
新建道路	应实行统一的城市道路断面、路网间距、道路退缩距离，保障城市道路建设标准化和规范化
城市内部道路	标准断面形式、道路网间距，应符合城市规划的有关要求
特殊道路	道路断面，可按当地城市规划要求另行确定
城市对外交通各类道路退缩距离	高速公路两侧：不准建设区宽度按 100 米控制； 国道两侧：不准建设区宽度按 30 米控制； 省道两侧：不准建设区宽度按 20 米控制； 县（市）道：不准建设区宽度按 10 米控制

（3）生态建设区规划控制绿线

公共绿地绿线，是指依法规划、建设的城市公园、小游园等公共绿地边界控制。

图 2-12 公共绿地绿线控制原则

（4）水域岸线规划控制蓝线

蓝线，是指用于划定较大规模水域及岸线一定保护范围的控制线。江河、湖泊、水库、水塘及其近水陆域、湿地和水源保护区等均划入蓝线控制范围。

控制原则：

图 2-13 蓝线控制原则

表 2-13：蓝线控制区陆域范围

类型	要求
工业、仓储、市政公用设施和对外交通（不包括码头）等用地	不得少于 30 米
居住公共设施和道路广场等用地	不得少于 50 米
绿地、水域及其他用地	不得少于 150 米
特殊用地	应根据具体情况确定
水源保护区	应按相应标准要求进行控制

（5）市政公用设施规划控制黑线

市政基础设施黑线是指用于界定供水、供电、电信、雨水、污水、燃气、环卫等市政设施以及地面输送管道用地范围的控制线。

黑线可分为两种类型：一是市政设施的用地范围；二是地面管廊和高压走廊按技术规范规定的控制范围。

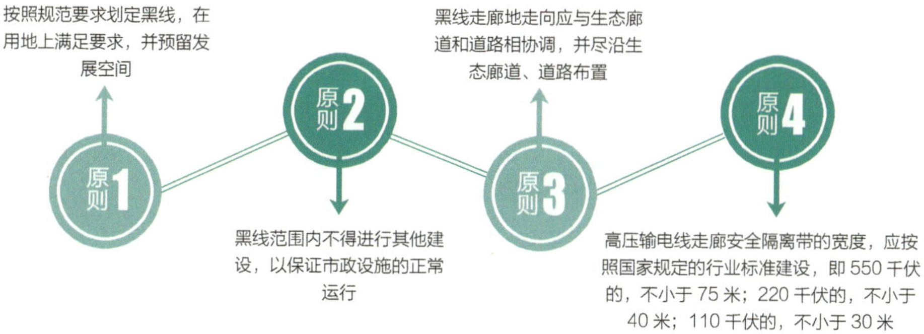

图 2-14 市政基础设施黑线控制原则

（6）历史文物保护规划控制紫线

文物建筑保护紫线，是指依法保护的历史古建筑、历史文化街区和其他文物古迹等保护区的边界控制线。

图 2-15 文物建筑保护紫线控制原则

链接

城乡规划“七线”

城乡规划“七线”包括常规规划六线和橙线。

橙线为轨道交通管理的边界线。

2 规划设计方案主要技术经济指标

规划设计方案中的主要技术经济指标分为两种情况：一种是针对居住区开发项目技术指

标；一种是非居住区开发项目技术指标。

图 2-16 两类开发项目技术经济指标

（1）居住区开发项目技术经济指标

为了评价居住区规划方案的经济性和合理性，经常采用以下一些技术经济指标作为衡量的标准：

表 2-14：居住区开发项目技术经济指标

指标	单位或计算方式	具体含义
居住区总用地	公顷（ha）	指居住区范围内的总用地面积，包括居住用地、公共建筑用地、道路用地、绿化用地
居民每人占地	m²/人	是居住区内人均用地指标，包括人均居住用地、人均公共建筑用地、人均道路用地、人均绿化用地
居住区总建筑面积	m²	指居住区范围内的总建筑面积，包括居住建筑面积和公共建筑面积
总户数 总人口 平均每户人口	户 人 人/户	指居住区内可容纳的总户数、总人口及总人口与总户数之比
平均每户居住建筑面积	m²	指居住区内居住建筑面积与总户数之比
居住建筑密度	居住建筑密度 = 居住建筑基底面积 ÷ 居住建筑用地面积	居住建筑对居住用地的覆盖率
容积率	容积率 = 居住建筑面积 ÷ 居住建筑用地面积	指居住建筑面积密度
人口毛密度	人/ha	指居住区内可居住的总人口与总用地面积之比
人口净密度	人/ha	指居住总人口与居住建筑用地面积之比
平均层数	层	指居住建筑面积与居住建筑基底总面积之比
高层比例	%	一般 7 层以上为高层住宅，即高层住宅建筑面积占总建筑面积的比例
住宅间距	m	指相邻居住建筑之间的距离
居住区平均造价	元/m²	指居住区总造价与居住区总建筑面积之比
建设周期	—	指自工程开工至全部工程完工之间的持续时间

（2）非居住区开发项目技术经济指标

非居住区开发项目指酒店、写字楼、商业零售中心、公寓、小型住宅区等开发项目，为评价其规划设计方案的经济性和合理性，经常采用以下技术经济指标作为衡量的标准。

表 2-15：非居住区开发项目技术经济指标

指标	具体含义
建筑容积率	指项目规划建设用地范围内全部建筑面积与规划建设用地面积之比
总建筑面积	指开发项目各栋、各层建筑面积的总和
地上建筑面积	指地上各层建筑面积的总和
建筑密度	即建筑覆盖率，指项目用地范围内所有建筑物的基底面积之和与规划建设用地面积之比
规划建设用地面积	指项目用地规划红线范围内的土地面积
建筑高度	指城市规划建设管理部门规定的建筑物檐口高度上限
绿化率	指规划建设用地范围内的绿地面积与规划建设用地面积之比
停车位个数	指在规划用地范围内设置的地面和地下停车位的个数
有效面积系数	指建筑物内可出售或出租建筑面积与总建筑面积之比

四 城市用地规划管理

经城市规划行政主管部门审查批准，已发放建设用地规划许可证的可用于建设的土地，称为建设用地。

建设用地包括规划的建设用地、正开发的建设用地和已经使用的建设用地。城市规划区内的建设用地由城市规划行政主管部门实行统一的规划管理。

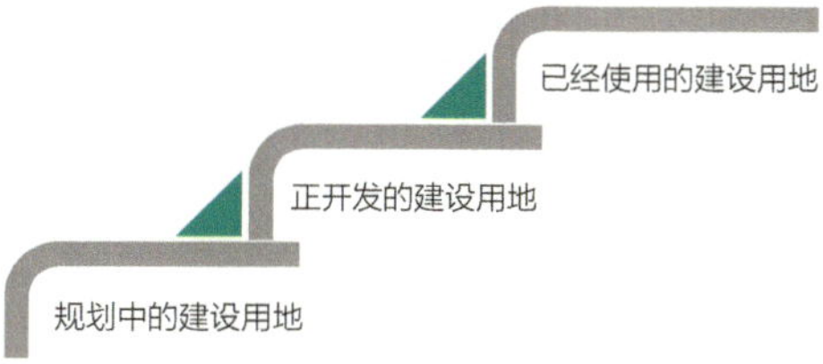

图 2-17 建设用地类型

城市建设用地包括城市用地分类中的居住用地、公共管理与公共服务用地、商业服务业设施用地、工业用地、物流仓储用地、道路与交通设施用地、公用设施用地、绿地与广场用地等八大类用地。

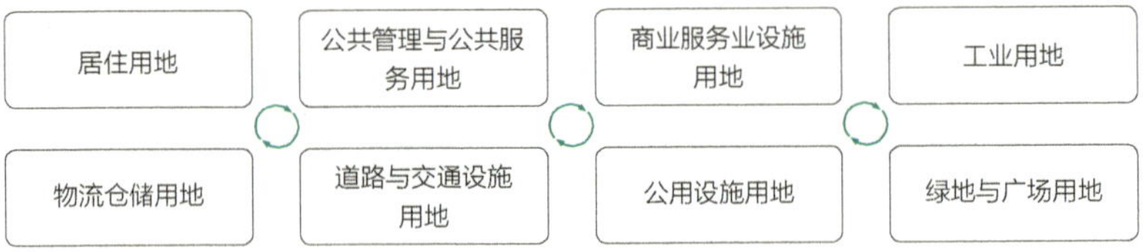

图 2-18 城市建设用地类型

城市规划是有层次的，有总体规划、分区规划、控制性详细规划和修建性详细规划，后二者又统称为详细规划。

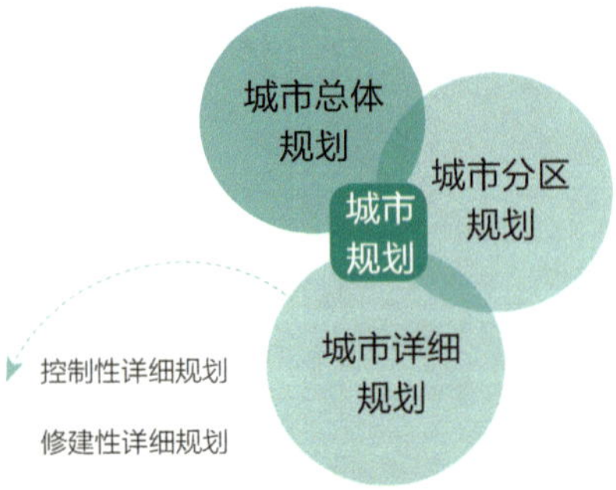

图 2-19 城市规划的不同层次

1 城市总体规划管理

城市总体规划对房地产开发的指导主要体现在三方面：

①指明房地产开发用地的方向和地段；

②确定房地产业的开发规模、时序和步骤；

③安排房地产项目用地周围的环境和配套设施。

2 城市分区规划管理

分区规划是总体规划的补充和深化，是总体规划和详细规划之间的过渡规划，分区规划并非必需的法定规划层次。

编制城市分区规划，应当依据已经依法批准的城市总体规划，对城市土地利用、人口分布和公共服务设施、基础设施的配置做出进一步的安排，对控制性详细规划的编制提出指导性要求。

分区规划的指导作用体现在如下两方面：

①确定居住区、片区、组团的划分，大致框定各居住区、片区、组团的用地范围和人口规模；

②指明各居住区、片区、组团的建筑及用地的容量控制指标。

分区规划主要是针对土地利用性质与强度控制规划、公共设施用地规划、市政基础设施规划和城市空间形态规划。

表 2-16：分区规划主要规划内容

类别	主要内容
土地利用性质与强度控制规划	原则确定分区内土地使用性质、居住人口分布、建筑用地的容量控制指标
公共设施用地规划	确定市、区、居住区级公共设施的分布、用地范围和控制原则
市政基础设施规划	确定主、次干道红线位置、断面、控制点坐标，支路的走向、宽度及主要交叉口、广场、停车场位置和控制范围；确定工程干管的位置、走向、管径、服务范围及主要工程设施的位置和用地范围
城市空间形态规划	确定绿地系统、河湖水面、供电高压走廊、对外交通设施、风景名胜的用地界线以及文物古迹、传统街区的保护范围，提出空间形态的保护要求

3 城市详细规划管理

详细规划是以总体规划或者分区规划为依据，详细规定建设用地的各项控制指标和其他规划管理要求，或者直接对建设作出具体的安排和规划设计。

详细规划分为控制性详细规划和修建性详细规划。

（1）控制性详细规划管理

以城市总体规划或分区规划为依据，详细规定建设用地的各项控制性指标和其他规划管理要求，强化规划的控制功能，并指导修建性详细规划的编制。

控制性详细规划涉及一系列控制性指标，对每一个地块的使用性质、开发强度和地段的景观风貌进行控制。控制性详细规划的指标体系又分为两大类。一类是规定性指标，有八项：一是土地使用性质；二是建筑密度；三是限制高度；四是容积率；五是建筑物退“红线”的距离；六是绿地率；七是停车场的位置；八是社区的配套设施。一类是指导性指标：包括三项指标，分别是人口容量、建筑形式体量色彩风格要求和其他环境要求。

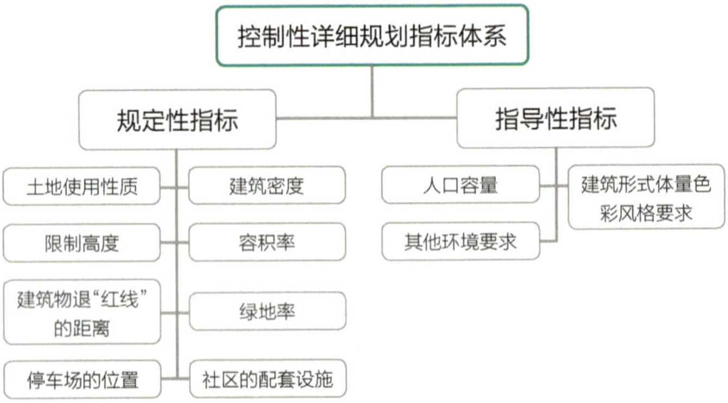

图 2-20 控制性详细规划指标体系构成

表 2-17：控制性详细规划主要指标

类别	指标名称	内容说明
规定性指标	土地使用性质	规划用地的使用功能，可根据用地分类标准进行标注
	建筑密度	通常以上限控制
	限制高度	由室外明沟面或散水坡面至建筑物主体最高点垂直距离
	容积率	根据需要制定上限和下限
	建筑物退“红线”的距离	通常以下限控制
	绿地率	通常以下限控制；不包括屋顶、晒台的人工绿地
	停车场的位置	含机动车出入口方位、禁止机动车入口地段、主要人流出入口方位等

类别	指标名称	内容说明
规定性指标	社区的配套设施	通常以下限控制。其他设施包括：居住区服务设施（中小学幼托、居住区级公建），环卫设施（垃圾转运站、公厕），变电站、配电所；电话局、邮政局；煤气调气站
指导性指标	人口容量	通常以上限控制
	建筑形式体量色彩风格要求	广场、绿地、裙房建筑、主体建筑、建筑架空等控制线，建筑高度控制范围、建筑颜色等具体指标
	其他环境要求	包括城市景观风貌、环境等

（2）修建性详细规划管理

修建性详细规划是以城市总体规划、分区规划或控制性详细规划为依据，制订用以指导各项建筑和工程设施的设计和施工的规划设计。

编制修建性详细规划的主要任务是满足上一层次规划的要求，直接对建设项目做出具体的安排和规划设计，并为下一层次建筑、园林和市政工程设计提供依据。对于当前要进行建设的地区，应当编制修建性详细规划，用以指导各项建筑和工程设施的设计和施工。

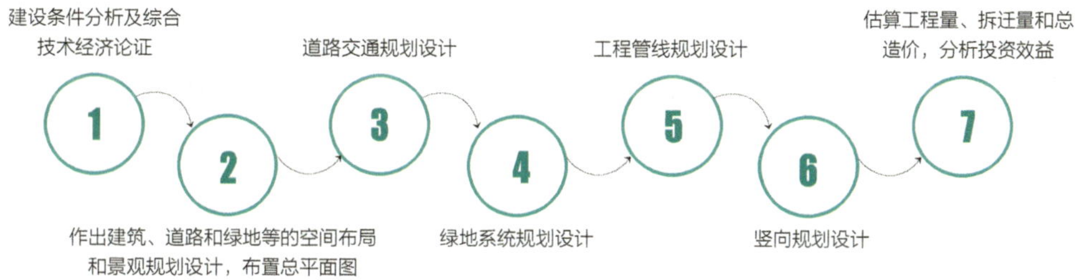

图 2-21 修建性详细规划内容

修建性详细规划需收集的基础资料，除控制性详细规划的基础资料外，还应增加：

①控制性详细规划对本规划地段的要求；

②工程地质、水文地质等资料；

③各类建筑工程造价等资料。

修建性详细规划成果由规划说明书和图表组成。

表 2-18：修建性详细规划成果

成果组成	具体要求	
规划说明书	1. 现状条件分析	
	2. 规划原则和总体构思	
	3. 用地布局	
	4. 空间组织和景观特色要求	
	5. 道路和绿地系统规划	
	6. 各项专业工程规划及管网综合规划	
	7. 竖向规划	
	8. 主要技术经济指标	总用地面积； 总建筑面积； 住宅建筑总面积，平均层数； 容积率、建筑密度； 住宅建筑容积率，建筑密度； 绿地率； 工程量及投资估算
图纸	1. 规划地段位置图	标明规划地段在城市的位置以及和周围地区的关系
	2. 规划地段现状图	图纸比例为 1 ： 500 ~ 1 ： 2000，标明自然地形地貌、道路、绿化、工程管线及各类用地和建筑的范围、性质、层数、质量等
	3. 规划总平面图	比例尺同上，图上应标明规划建筑、绿地、道路、广场、停车场、河湖水面的位置和范围
	4. 道路交通规划图	比例尺同上，图上应标明道路的红线位置、横断面，道路交叉点坐标、标高、停车场用地界线
	5. 竖向规划图	比例尺同上，图上标明道路交叉点、变坡点控制高程，室外地坪规划标高
	6. 单项或综合工程管网规划图	比例尺同上，图上应标明各类市政公用设施管线的平面位置、管径、主要控制点标高，以及有关设施和构筑物位置
	7. 表达规划设计意图的模型或鸟瞰图	

链接

修建性详细规划中建设项目总平面规划所需搜集资料

总平面规划内容包含：规划说明书、现状图、总平面规划图、道路系统规划图、绿地系统规划图、用地竖向规划图、工程管线规划及管网综合规划图等文件、图纸等。

表 2-19：总平面规划内容

类别	主要内容
总平面规划图	①城市道路坐标、高程、红线宽度及分幅、转弯半径等； ②建设用地边界各拐点坐标，用地范围及相邻周边地貌地物； ③用地范围内主要道路控制点坐标、道路宽度及出入口的位置； ④建筑物功能、编号、坐标及室内高程，各建筑物基底面积、层数及高度（列表）； ⑤建筑间距，建筑物退让（离界或离线）距离； ⑥公共设施配套项目功能，设置的具体位置，用地界线等； ⑦绿地界线，绿地布局； ⑧室外场地各控制点坐标、设计高程； ⑨道路控制红线等各类控制线的具体位置； ⑩各类用地平衡表和技术经济指标统计表（含总用地面积、总建筑面积、地下建筑面积、建筑密度、容积率、绿地率、公共绿地面积、人均公共绿地、地上泊车数量、地下泊车数量、人口规模、总户数、居住建筑面积、居住人口毛密度、居住人口净密度等）
道路系统规划图	确定道路等级，道路宽度、控制点坐标、高程、转弯半径，主要道路断面形式，出入口定位坐标、宽度，地上、地下泊车范围和泊车布局、泊车量等
绿地系统规划图	确定绿地功能、范围、用地面积，选择树种，进行绿地景观和设施设计等
用地竖向规划图	确定地形地貌的利用，进行土方平衡，确定各控制点的坐标、高程和地面排水方向、坡度、高程等
工程管线规划及管网综合规划图	包括给水、排水、电力、电信、有线电视、燃气各专业管线和管网综合规划等。 规划内容包括负荷预测、外部管线现状、地坪标高、排水管道标高、各类管线走向、管线位置、主要管线管径，并需取得相关主管部门的初步意见
主要建筑平、立、剖面图	修建性详细规划图纸比例为 1 ：500 或 1 ：1000

报批建设项目总平面规划，还需提供如下图纸、资料：

序号	资料	
1	现状条件分析	
2	规划原则和总体构思	
3	用地布局	
4	空间组织和景观特色要求	
5	道路和绿地系统规划	
6	各项专业工程规划及管网综合规划	
7	竖向规划	
8	主要技术经济指标	（1）总用地面积； （2）总建筑面积； （3）住宅建筑总面积，平均层数； （4）容积率、建筑密度； （5）住宅建筑容积率，建筑密度； （6）绿地率； （7）工程量及投资估算

五 开发地产项目过程规划管理

开发地产项目过程中涉及的规划管理是指在土地出让时期和房地产开发的五个阶段需进行的规划管理。

1 土地出让过程规划管理

出让的地块，必须具有城市规划行政主管部门提供的《规划设计条件通知书》及附图。《规划设计条件通知书》及其附图或《审定设计方案通知书》及其附图，是城市国有土地使用权出让合同的重要附件，不得随意变更。确需变更的，必须经城市规划行政主管部门批准。

表 2-20：土地出让规划设计条件及附图内容

类别	内容
规划设计条件	地块面积、土地使用性质、容积率、建筑密度、建筑高度、停车位数量、主要出入口、绿化率、须配置的公共设施和工程设施、建筑界限、开发期限及其他要求
附图	地块区位和现状、地块坐标、标高，道路红线坐标、标高，出入口位置，建筑界限以及地块周围地区环境与基础设施条件

出让城市国有土地使用权，在出让前应当制定控制性详细规划。土地使用权受让方在办理《建设用地规划许可证》时，必须持有城市规划行政主管部门提供的具有规划设计条件及附图的土地出让合同。取得《建设用地规划许可证》后，方可办理土地使用权权属证明。

2 房地产开发过程规划管理

房地产开发过程中的规划管理主要体现在：开发项目的选址、定点审批，核发《建设用地规划许可证》及规划设计条件，规划方案及初步设计审批以及核发《建筑工程规划许可证》等。在不同阶段，规划管理有其不同的具体内容。

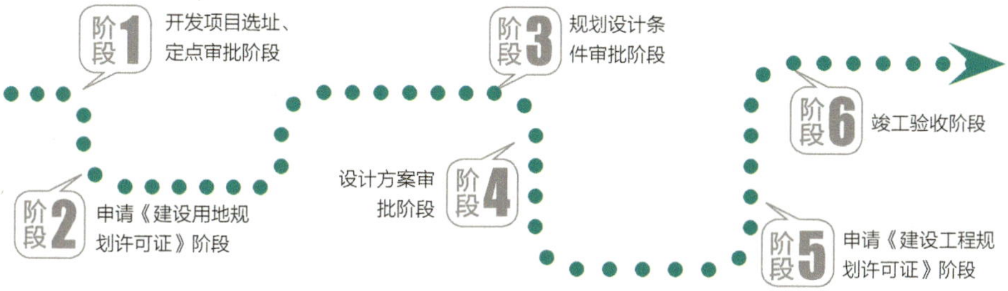

图 2-22 地产开发过程中的六个规划阶段

（1）开发项目选址、定点审批阶段

开发商首先必须持计委批准立项文件、开发建设单位或其主管部门申请用地的函件、工程情况简要说明和选址要求、拟建方案、开发项目意向位置的 1 ∶ 2000 或 1 ∶ 500 地形图及其他相关材料，向城市规划管理部门提出开发项目选址、定点申请，由城市规划管理部门审核后向城市土地管理部门等发征询意见表。

开发商请有关部门填好征询意见表后，持该征询意见表、征地和安置补偿方案及经城市土地管理部门盖章的征地协议、项目初步设计方案、批准的总平面布置图或建设用地图，报城市规划管理部门审核后，由城市规划管理部门下发《选址规划意见通知书》。

图 2-23 选址规划意见书下发流程

（2）申请《建设用地规划许可证》阶段

开发商持城市计划管理部门批准征用土地的计划任务书、市政府批准征用农田的文件（使用城市国有土地时，需持城市土地管理部门的拆迁安置意见）、1 ∶ 2000 或 1 ∶ 500 的地形图、《选址规划意见通知书》、要求取得的有关协议与函件及其他相关资料，向城市规划管理部门提出申请。经城市规划管理部门审核后颁发《建设用地规划许可证》。《建设用地规划许可证》主要规定了用地性质、位置和界限。

（3）规划设计条件审批阶段

开发商需持城市计划管理部门批准的计划任务书、开发商对拟建项目的说明、拟建方案示意图、地形图（单位建筑1∶500，居住区1∶2000，其中一份画出用地范围）和设计单位提供的控制性规划方案及其他相关资料。向城市规划管理部门提出申请，经城市规划管理部门审核后，下达《规划设计条件通知书》及用地红线图。《规划设计条件通知书》主要规定了征地面积、规划建设用地面积、总建筑面积、容积率、建筑密度、绿化率、建筑后退红线距离、建筑控制高度和停车位个数等。

（4）设计方案审批阶段

开发商应首先委托有规划设计资格的设计机构完成不少于两个方案的设计，然后持设计方案报审表、项目各设计方案的总平面图（单位建筑1∶500、居住区1∶2000，其中一份画出用地范围）、各层平立剖面图、街景立面图等（1∶100或1∶200）、方案说明书及其他相关资料，向城市规划管理部门提出设计方案审批申请，城市规划管理部门接此申请后协同其他有关单位审查该详细规划设计方案并提出修改或调整意见。之后，开发商根据审查意见对设计方案进行调整修改，再报城市规划管理部门审批。审批通过后由城市规划管理部门签发《规划设计方案审批通知书》。

（5）申请《建设工程规划许可证》阶段

开发商需持由城市建设主管部门下发的年度施工任务批准文件、工程施工图纸、工程档案保证金证明、其他行政主管部门审查意见和要求取得的有关协议（如使用水、电、煤气、热力等的协议），向城市规划管理部门提出申请，城市规划管理部门接此申请后，将负责主持召开市政配合会，组织有关单位进行综合图会签等工作，最后签发《建设工程规划许可证》。

（6）竣工验收阶段

开发项目竣工后，城市规划管理部门将参与项目的竣工验收工作，以检查项目开发建设过程中有关规划要求是否得到遵守，配套建设的基础设施和公共服务设施是否已同期建设完毕等。

第三节

城市建设用地申请相关表单

城市建设用地相关表单每个省市规格及要求都不一样，具体申请表单可在省市规划局官方网站表格下载栏目进行下载。本文以广东省规划局发布表单为例。《建设项目选址意见书》和《建设用地规划许可证》申请、调整、延期使用都是使用的同一份表格。

一 用地类

1 建设项目选址和用地规划申请、调整及延期使用表

广州市规划局立案申请表

<table>
<tr><td colspan="2">建设项目名称</td><td colspan="5"></td></tr>
<tr><td colspan="2">建设项目地址</td><td colspan="5"></td></tr>
<tr><td rowspan="6">申请人</td><td rowspan="3">名称（姓名）</td><td rowspan="2"></td><td>地址</td><td colspan="3"></td></tr>
<tr><td>电话</td><td></td><td>邮政编码</td><td></td></tr>
<tr><td>组织机构代码或自然人身份证号码</td><td colspan="4"></td></tr>
<tr><td>IC 编码</td><td>1. □□□□□□□□□□</td><td colspan="2">2. □□□□□□□□□□</td><td colspan="2">3. □□□□□□□□□□</td></tr>
<tr><td>受委托人</td><td></td><td>联系电话</td><td colspan="3">办公：
手机：</td></tr>
<tr><td>属性</td><td colspan="5">□行政机关□事业单位□企业单位□驻穗部队□其他单位□个人</td></tr>
<tr><td>立案类别</td><td colspan="6">□办理《建设项目选址意见书》（□新建设项目选址□原证延期）
□办理《建设用地规划许可证》（□新征建设用地办证□原证延期）
□办理建设用地规划条件（□首次申请□调整确认）
□调整《建设用地规划许可证》（□变更单位名称□调整用地性质□调整用地红线）
□其他</td></tr>
<tr><td rowspan="2">基本信息</td><td>地形图号</td><td colspan="2"></td><td>申请用地面积</td><td colspan="2"></td></tr>
<tr><td>征地现状土地类别</td><td colspan="5">□旧城区□工厂□村庄□荒地□耕地</td></tr>
<tr><td rowspan="8">建设用地概况</td><td>立项批准机关</td><td colspan="2"></td><td>投资总额</td><td colspan="2"></td></tr>
<tr><td>项目重点属性</td><td colspan="2">□国家重点□省重点
□市重点</td><td>批准文件文号</td><td colspan="2"></td></tr>
<tr><td>项目现状</td><td colspan="5">□未开工□正在施工□已竣工□已投入使用</td></tr>
<tr><td>项目类别</td><td colspan="5">□建筑工程（□民用建筑□公共建筑）□市政工程
□乡村建设工程□城市雕塑与纪念碑</td></tr>
<tr><td rowspan="3">项目主要功能</td><td colspan="5">□住宅（□保障性住房□商品房□个人住房）</td></tr>
<tr><td colspan="5">□办公（□行政办公□商务办公）</td></tr>
<tr><td colspan="5">□商业□工厂□其他</td></tr>
<tr><td>特殊性质</td><td colspan="5">□跨行政区工程□线性市政基础设施工程</td></tr>
</table>

<table>
<tr><td rowspan="13">规划部门历史审批及相关资料</td><td>立案所需文件内容（须参照立案标准规定填写）</td><td>文件编号</td><td>份数</td></tr>
<tr><td>立案申请表（原件）</td><td></td><td>1</td></tr>
<tr><td>申请函（原件）</td><td></td><td>1</td></tr>
<tr><td>授权委托书（原件）</td><td></td><td>1</td></tr>
<tr><td>企业法人营业执照、组织机构代码证（复印件）</td><td></td><td>1</td></tr>
<tr><td>委托人身份证（复印件）</td><td></td><td>1</td></tr>
<tr><td>现状照片及实测现状地形图（原件）</td><td></td><td>1</td></tr>
<tr><td>建设项目总平面规划图（原件）</td><td></td><td>1</td></tr>
<tr><td>市政府同意实施用地储备的文件、年度土地储备计划（复印件）</td><td></td><td>1</td></tr>
<tr><td></td><td></td><td></td></tr>
<tr><td></td><td></td><td></td></tr>
<tr><td></td><td></td><td></td></tr>
<tr><td colspan="3">规划部门历史审批文件文号：□□□□□</td></tr>
<tr><td>文书送达方式</td><td colspan="3">□直接到窗口领取　□邮政速递</td></tr>
<tr><td>备注</td><td>1. 根据有关法律规定，申请人应如实提交有关材料和反映真实情况，并对申请材料实质内容的真实性负责。以虚报、瞒报、造假等不正当手段取得行政许可的，将依法予以撤销。
2. 申请人有权进行陈述和申辩。申请人可以在我局作出行政许可（或行政处罚）决定之前向我局提交书面陈述申辩意见。</td><td colspan="2">我单位（个人）已阅知有关备注说明，并承诺对申报资料的真实性及数据的准确性（含电子文件与图纸的一致性）负责，自愿承担虚报、瞒报、造假等不正当手段而产生的一切法律责任。

（申请单位盖章 / 申请个人签名）

年　月　日</td></tr>
</table>

2 建设项目选址和用地规划并联审核表

规划选址意见

广州市规划局立案申请表

收件流水号：

立案编号：（确定立案后填写）

<table>
<tr><td colspan="2">建设项目名称 *</td><td colspan="5"></td></tr>
<tr><td colspan="2">建设项目地址 *</td><td colspan="5">区路街号</td></tr>
<tr><td colspan="2">项目编号</td><td colspan="5"></td></tr>
<tr><td rowspan="7">申请人</td><td rowspan="3">名称 *
（姓名）</td><td rowspan="2"></td><td>地址 *</td><td colspan="3"></td></tr>
<tr><td>电话 *</td><td></td><td>邮政编码 *</td><td></td></tr>
<tr><td colspan="2">组织机构代码或自然人身份证号码 *</td><td colspan="3"></td></tr>
<tr><td>IC 编码</td><td colspan="2">1. □□□□□□□</td><td>2. □□□□□□</td><td colspan="2">3. □□□□□□□</td></tr>
<tr><td>受委托人 *</td><td></td><td>联系电话 *</td><td colspan="3">办公：
手机：</td></tr>
<tr><td rowspan="2">属性 *</td><td colspan="2">政府投资建设工程项目</td><td colspan="3">□使用储备类用地□使用非储备类用地□自有用地</td></tr>
<tr><td colspan="2">企业投资建设工程项目</td><td colspan="3">□使用储备类用地□使用非储备类用地□自有用地</td></tr>
<tr><td colspan="2">受理部门 *</td><td colspan="5">□市发展改革部门□ ________ 区发展改革部门</td></tr>
<tr><td colspan="2">规划审批办理部门</td><td colspan="5">□市局
□越秀分局□天河分局□海珠分局□荔湾分局□白云分局
□黄埔分局□番禺分局□花都分局□萝岗分局□南沙分局
（注，此栏由相关规划分局接收资料时确认）</td></tr>
<tr><td>立案类别</td><td colspan="6">□办理《建设项目选址意见书》
□自有建设用地、协议方式出让用地申请规划条件</td></tr>
<tr><td rowspan="2">基本信息</td><td>地形图号</td><td colspan="2"></td><td>申请用地面积</td><td colspan="2"></td></tr>
<tr><td>征地现状土地类别</td><td colspan="5">□旧城区□工厂□村庄□荒地□耕地</td></tr>
<tr><td rowspan="4">建设用地概况</td><td>立项批准机关</td><td colspan="2"></td><td>投资总额</td><td colspan="2"></td></tr>
<tr><td>项目重点属性</td><td colspan="2">□国家重点□省重点
□市重点□区重点</td><td>批准文件文号</td><td colspan="2"></td></tr>
<tr><td>项目现状</td><td colspan="5">□未开工□正在施工□已竣工□已投入使用</td></tr>
<tr><td>特殊性质</td><td colspan="5">□跨行政区工程□线性市政基础设施工程</td></tr>
</table>

立案前期	需要规划批前公示☐已完成☐未完成☐不涉及 需要提交专家评审☐已完成☐未完成☐不涉及 需要提交市规委会 / 主任委 / 环艺会 / 名城委等会议审议☐已完成☐未完成☐不涉及 ☐已完成

基本文件内容

序号	文件内容	数量	是否合格	补充是否合格
1	申请函原件 *	1		
2	申请人身份证明 *	1		
3	授权委托书原件	1		
4	代理人身份证明复印件	1		
5				
	……			

规划选址审批所需文件内容（须参照立案标准规定填写）

序号	文件内容	数量	是否合格	补充是否合格
1	实测广州坐标现状地形图（含权属界线广州坐标电子文件）及电子文件 *	1		
2	规划部门对项目规划选址的前期预审意见及附图 *	1		
3	建设项目总平面规划图（反映拟选址范围的界线及拐点坐标、建筑的总平面布局、经济技术指标等）*	1		
4	提供建设单位盖章确认的现场照片（彩色、A4 大小，并附有拍摄日期）*	1		
5	属于村经济发展留用地项目的，须提供国土房管部门核发的农村集体经济发展留用地指标文件；属于村民住宅拆迁安置用地项目的，须提供国土房管部门核发的关于复建房户数核定书和拆迁双方签订的拆迁安置补偿协议；其他项目须提供有关部门同意申请单位作为项目建设主体的批准文件（三项选一）	1		
6	属于道路及轨道交通工程等市政线性工程及加油站项目：规划方案审查意见、附图	1		
7	属于国有建设用地的，提供土地使用证或房地产权证	1		
8	使用储备类用地的，需提供土地储备机构同意使用储备意见	1		
9				
10				

自有建设用地、协议方式出让用地申请规划条件所需文件内容（须参照立案标准规定填写）

<table>
<tr><th>序号</th><th>文件内容</th><th>数量</th><th>是否合格</th><th>补充是否合格</th></tr>
<tr><td>1</td><td>实测广州坐标现状地形图（含权属界线广州坐标电子文件）及电子文件 *</td><td>1</td><td></td><td></td></tr>
<tr><td>2</td><td>规划部门对项目规划选址的前期预审意见及附图 *</td><td>1</td><td></td><td></td></tr>
<tr><td>3</td><td>提供建设单位盖章确认的现场照片（彩色、A4 大小，并附有拍摄日期）*</td><td>1</td><td></td><td></td></tr>
<tr><td>4</td><td>建设项目总平面规划图（反映拟选址范围的界线及拐点坐标、建筑的总平面布局、经济技术指标等）*</td><td>1</td><td></td><td></td></tr>
<tr><td>5</td><td>属于自有建设用地的，提供土地使用证或房地产权证</td><td>1</td><td></td><td></td></tr>
<tr><td></td><td></td><td></td><td></td><td></td></tr>
<tr><td></td><td></td><td></td><td></td><td></td></tr>
<tr><td></td><td colspan="4">* 规划部门历史审批文件文号：
☐
☐
☐
☐
☐</td></tr>
<tr><td>文书送达方式</td><td colspan="4">☐直接到窗口领取　☐邮政速递</td></tr>
<tr><td>备注</td><td>根据有关法律规定，申请人应如实提交有关材料和反映真实情况，并对申请材料实质内容的真实性负责。以虚报、瞒报、造假等不正当手段取得行政许可的，将依法予以撤销。
申请人有权进行陈述和申辩。申请人可以在本环节各部门作出行政决定之前向相应行政事项主管部门提交书面陈述申辩意见。
表中加“*”内容为必填内容。</td><td colspan="3">我单位（个人）已阅知有关备注说明，并承诺对申报资料的真实性及数据的准确性（含电子文件与图纸的一致性）负责，自愿承担虚报、瞒报、造假等不正当手段而产生的一切法律责任。

（申请单位盖章 / 申请个人签名）

年　月　日</td></tr>
</table>

3 修建性详细规划审查

广州市规划局立案申请表

<table>
<tr><td colspan="2">建设项目名称</td><td colspan="5"></td></tr>
<tr><td colspan="2">建设项目地址</td><td colspan="5"></td></tr>
<tr><td rowspan="7">申请人</td><td rowspan="3">名称
（姓名）</td><td rowspan="2"></td><td>地址</td><td colspan="3"></td></tr>
<tr><td>电话</td><td></td><td>邮政编码</td><td></td></tr>
<tr><td>组织机构代码或自然人身份证号码</td><td colspan="4"></td></tr>
<tr><td>IC 编码</td><td>1. □□□□□□□□□□</td><td colspan="2">2. □□□□□□□□□□</td><td colspan="2">3. □□□□□□□□□□</td></tr>
<tr><td>受委托人</td><td></td><td>联系电话</td><td colspan="3"></td></tr>
<tr><td>属性</td><td colspan="5">□行政机关事业单位□企业单位□驻穗部队□其他单位□个人</td></tr>
<tr><td>立案类别</td><td colspan="6">□办理《建设项目选址意见书》（□新建设项目选址□原证延期）
□办理《建设用地规划许可证》（□新征建设用地办证□原证延期）
□办理建设用地规划条件（□首次申请□调整确认）
□调整《建设用地规划许可证》（□变更单位名称□调整用地性质□调整用地红线）
□其他</td></tr>
<tr><td rowspan="2">基本信息</td><td>地形图号</td><td colspan="2"></td><td>申请用地面积</td><td colspan="2"></td></tr>
<tr><td>征地现状土地类别</td><td colspan="5">□旧城区□工厂□村庄□荒地□耕地</td></tr>
<tr><td rowspan="8">建设用地概况</td><td>立项批准机关</td><td colspan="2"></td><td>投资总额</td><td colspan="2"></td></tr>
<tr><td>项目重点属性</td><td colspan="2">□国家重点□省重点□市重点</td><td>批准文件文号</td><td colspan="2"></td></tr>
<tr><td>项目现状</td><td colspan="5">□未开工□正在施工□已竣工□已投入使用</td></tr>
<tr><td>项目类别</td><td colspan="5">□建筑工程（□民用建筑□公共建筑）□市政工程
□乡村建设工程□城市雕塑与纪念碑</td></tr>
<tr><td rowspan="3">项目主要功能</td><td colspan="5">□住宅（□保障性住房□商品房□个人住房）</td></tr>
<tr><td colspan="5">□办公（□行政办公□商务办公）</td></tr>
<tr><td colspan="5">□商业□工厂□其他</td></tr>
<tr><td>特殊性质</td><td colspan="5">□跨行政区工程□线性市政基础设施工程</td></tr>
</table>

<table>
<tr><td rowspan="13">规划部门历史审批及相关资料</td><td>立案所需文件内容（须参照立案标准规定填写）</td><td>文件编号</td><td>份数</td></tr>
<tr><td>1.</td><td></td><td></td></tr>
<tr><td>2.</td><td></td><td></td></tr>
<tr><td>3.</td><td></td><td></td></tr>
<tr><td>4.</td><td></td><td></td></tr>
<tr><td>5.</td><td></td><td></td></tr>
<tr><td>6.</td><td></td><td></td></tr>
<tr><td>7.</td><td></td><td></td></tr>
<tr><td>8.</td><td></td><td></td></tr>
<tr><td>9.</td><td></td><td></td></tr>
<tr><td>10.</td><td></td><td></td></tr>
<tr><td>11.</td><td></td><td></td></tr>
<tr><td colspan="3">规划部门历史审批文件文号：
□
□
□
□
□</td></tr>
<tr><td>文书送达方式</td><td colspan="3">□直接到窗口领取　□邮政速递</td></tr>
<tr><td>备注</td><td>根据有关法律规定，申请人应如实提交有关材料和反映真实情况，并对申请材料实质内容的真实性负责。以虚报、瞒报、造假等不正当手段取得行政许可的，将依法予以撤销。申请人有权进行陈述和申辩。申请人可以在我局作出行政许可（或行政处罚）决定之前向我局提交书面陈述申辩意见。</td><td colspan="2">我单位（个人）已阅知有关备注说明，并承诺对申报资料的真实性及数据的准确性（含电子文件与图纸的一致性）负责，自愿承担虚报、瞒报、造假等不正当手段而产生的一切法律责任。

（申请单位盖章 / 申请个人签名）

年　月　日</td></tr>
</table>

4 修建性详细规划（总平面规划方案）审查

广州市规划局立案申请表

收件流水号：

立案编号：（确定立案后填写）申请时间：

<table>
<tr><td colspan="2">建设项目名称 *</td><td colspan="5"></td></tr>
<tr><td colspan="2">建设项目地址 *</td><td colspan="5">区路街号</td></tr>
<tr><td colspan="2">项目编号 *</td><td colspan="5"></td></tr>
<tr><td rowspan="8">申请人</td><td rowspan="3">名称 *
（姓名）</td><td rowspan="2"></td><td>地址 *</td><td colspan="3"></td></tr>
<tr><td>电话 *</td><td></td><td>邮政编码 *</td><td></td></tr>
<tr><td>组织机构代码或自然人
身份证号码 *</td><td colspan="4"></td></tr>
<tr><td>IC 编码</td><td>1. □□□□□□□□□□</td><td colspan="2">2. □□□□□□□□□</td><td colspan="2">3. □□□□□□□□□□</td></tr>
<tr><td>受委托人 *</td><td></td><td>联系电话 *</td><td colspan="3">办公：
手机：</td></tr>
<tr><td rowspan="2">属性 *</td><td>政府投资建设工程项目</td><td colspan="4">□储备类□非储备类□自有用地</td></tr>
<tr><td>企业投资建设工程项目</td><td colspan="4">□储备类□非储备类□自有用地</td></tr>
<tr><td colspan="2">受理部门</td><td colspan="5">□市局
□越秀□天河□海珠□荔湾□白云（区政务中心或者分局）
□黄埔□番禺□花都□萝岗□南沙（区政务中心或者分局）</td></tr>
<tr><td colspan="2">办理部门 *</td><td colspan="5">□市局□越秀分局□天河分局□海珠分局□荔湾分局□白云分局
□黄埔分局□番禺分局□花都分局□萝岗分局□南沙分局
（注，此栏由窗口接收资料时确认）</td></tr>
<tr><td colspan="2">立案类别</td><td colspan="5">修建性详细规划审查（□首次□调整）
总平面规划方案审查（□首次□调整）</td></tr>
<tr><td rowspan="2">基本信息</td><td>地形图号</td><td></td><td colspan="2">申请用地面积</td><td colspan="2"></td></tr>
<tr><td>征地现状土地类别</td><td colspan="5">□旧城区□工厂□村庄□荒地□耕地</td></tr>
<tr><td rowspan="4">建设用地概况</td><td>立项批准机关</td><td></td><td colspan="2"></td><td>投资总额</td><td></td></tr>
<tr><td>项目重点属性</td><td>□国家重点□省重点
□市重点□区重点</td><td colspan="2"></td><td>批准文件文号</td><td></td></tr>
<tr><td>项目现状</td><td colspan="5">□未开工□正在施工□已竣工□已投入使用</td></tr>
<tr><td>特殊性质</td><td colspan="5">□跨行政区工程□线性市政基础设施工程</td></tr>
<tr><td>项目概况</td><td colspan="6">□住宅（□保障性住房□商品房□个人住房）
□公共建筑（□办公□商业□旅游□科教文卫□通信□交通运输用房）
□工厂□其他</td></tr>
<tr><td colspan="7">立案资料</td></tr>
</table>

序号	材料名称	份数	材料形式	是否合格	补正后是否合格
1	申请函	1	原件		
2	申请人身份证明	1	复印件		
3	法定代表人身份证明书及授权委托书	1	原件 （我局网站下载或到窗口索取统一版本）		
4	法定代表人身份证明、受委托代理人身份证明	1	复印件		
5	显示或标注有拍照日期的多角度现场照片	1	打印件及电子文件上传		
6	《建设用地规划许可证》等有效的用地证明材料及规划条件和历次规划审批文件文号	1	复印件及扫描件上传		
7	规划条件及历次规划批复文件中要求取得的专业管理部门的意见	1	复印件及扫描件上传		
8	规划条件中要求提交的规划模型或效果图				
9	绘制在 1 ∶ 500 现状地形图上的总平面规划图	2	原件		
10	规划说明书、规划设计蓝图以及总平面规划彩图	3	原件		
11	技术审查办结通知	1	原件		
12	管线综合规划图，包括工程管线综合规划图、电力电信工程规划图、给水燃气工程规划图、雨水污水工程规划图	3	原件		
13	规划说明书、规划设计电子报批文件以及总平面规划彩图	1	电子文件		
14	供水、燃气、电力、电信、排水专业管理部门的书面意见或有关该工程方案初审的会议纪要及水务部门出具的城市排水设施设计条件咨询意见书	1	复印件		

*规划部门历史审批文件文号：□□□□□

文书送达方式	□直接到窗口领取　□邮政速递	
备注	根据有关法律规定，申请人应如实提交有关材料和反映真实情况，并对申请材料实质内容的真实性负责。以虚报、瞒报、造假等不正当手段取得行政许可的，将依法予以撤销。 申请人有权进行陈述和申辩。申请人可以在本环节各部门作出行政决定之前向相应行政事项主管部门提交书面陈述申辩意见。 表中加“*”内容为必填内容。 注： （1）用地≥ 1 万平方米的报修建性详细规划审查、用地＜ 1 万平方米的报总平面规划方案审查。 （2）修建性详细规划的规划设计蓝图主要包括：①总平面规划及绿地系统规划图（原件，一式 3 份）；②道路交通系统规划与竖向规划图。总平面规划方案的规划设计蓝图为一张图，包含总平面规划及绿地系统规划和道路交通系统规划与竖向规划的内容	我单位（个人）已阅知有关备注说明，并承诺对申报资料的真实性及数据的准确性（含电子文件与图纸的一致性）负责，自愿承担虚报、瞒报、造假等不正当手段而产生的一切法律责任。 （申请单位盖章 / 申请个人签名） 年　月　日

5 调整修建性详细规划（总平面规划方案）审查

广州市规划局立案申请表

建设项目名称 *						
建设项目地址 *		区路街号				
项目编号						
申请人	名称 * （姓名）		地址 *			
			电话 *		邮政编码 *	
		组织机构代码或自然人身份证号码 *				
	IC 编码	1. □□□□□□□□□□	2. □□□□□□□□□□		3. □□□□□□□□□□	
	受委托人 *		联系电话 *	办公： 手机：		
	属性 *	政府投资建设工程项目	□储备类□非储备类□自有用地			
		企业投资建设工程项目	□储备类□非储备类□自有用地			
规划许可办理部门 *		越秀分局□天河分局□海珠分局□荔湾分局□白云分局 黄埔分局□番禺分局□花都分局□萝岗分局□南沙分局 □市政务中心				
立案类别		□调整修建性详细规划审查 □调整总平面规划方案				
基本信息	地形图号		申请用地面积			
	征地现状土地类别	□旧城区□工厂□村庄□荒地□耕地				
建设用地概况	立项批准机关		投资总额			
	项目重点属性	□国家重点□省重点 □市重点□区重点	批准文件文号			
	项目现状	□未开工□正在施工□已竣工□已投入使用				
	特殊性质	□跨行政区工程□线性市政基础设施工程				
项目概况		□住宅（□保障性住房□商品房□个人住房） □公共建筑（□办公□商业□旅游□科教文卫□通信□交通运输用房） □工厂□其他				

<table>
<tr><td colspan="5">立案所需文件内容（须参照立案标准规定填写）</td></tr>
<tr><td>序号</td><td>材料名称</td><td>数量</td><td>是否合格</td><td>补充是否合格</td></tr>
<tr><td>1</td><td>申请函（原件）</td><td>1</td><td></td><td></td></tr>
<tr><td></td><td></td><td></td><td></td><td></td></tr>
<tr><td></td><td></td><td></td><td></td><td></td></tr>
<tr><td></td><td></td><td></td><td></td><td></td></tr>
<tr><td></td><td></td><td></td><td></td><td></td></tr>
<tr><td></td><td></td><td></td><td></td><td></td></tr>
<tr><td></td><td></td><td></td><td></td><td></td></tr>
<tr><td></td><td></td><td></td><td></td><td></td></tr>
<tr><td></td><td></td><td></td><td></td><td></td></tr>
<tr><td></td><td></td><td></td><td></td><td></td></tr>
<tr><td></td><td></td><td></td><td></td><td></td></tr>
<tr><td></td><td></td><td></td><td></td><td></td></tr>
<tr><td></td><td></td><td></td><td></td><td></td></tr>
<tr><td></td><td></td><td></td><td></td><td></td></tr>
<tr><td></td><td colspan="4">* 规划部门历史审批文件文号：
□
□
□
□
□</td></tr>
<tr><td colspan="2">文书送达方式</td><td colspan="3">□直接到窗口领取　□邮政速递</td></tr>
<tr><td>备注</td><td colspan="2">根据有关法律规定，申请人应如实提交有关材料和反映真实情况，并对申请材料实质内容的真实性负责。以虚报、瞒报、造假等不正当手段取得行政许可的，将依法予以撤销。
申请人有权进行陈述和申辩。申请人可以在本环节各部门作出行政决定之前向相应行政事项主管部门提交书面陈述申辩意见。
表中加“*”内容为必填内容。
注：
1）用地≥1万平方米的报修建性详细规划审查、用地＜1万平方米的报总平面规划方案审查。
2）修建性详细规划的规划设计蓝图主要包括（1）总平面规划及绿地系统规划图（原件，一式3份），（2）道路交通系统规划与竖向规划图；总平面规划方案的规划设计蓝图为一张图，包含总平面规划及绿地系统规划和道路交通系统规划与竖向规划的内容；</td><td colspan="2">我单位（个人）已阅知有关备注说明，并承诺对申报资料的真实性及数据的准确性（含电子文件与图纸的一致性）负责，自愿承担虚报、瞒报、造假等不正当手段而产生的一切法律责任。

（申请单位盖章 / 申请个人签名）

年　月　日</td></tr>
</table>

案件数据信息表

规划编制单位	名称				报建特许人及编号	
	地址				资质等级	
	联系人		电话		资质证号	
规划项目性质	□居住□机关□军事□院校□工厂□公建□仓储 □交通工程□市政公用设施□园林绿地					
建设用地规划许可证号				地形图号		
用地总面积（平方米）	城市 20m 及以上道路路位面积			m^2		
	城市河涌、水面面积			m^2		
	城市公共绿地面积			m^2		
	核定的计算技术经济指标用地面积			m^2		

原（规划）批复或设计条件批准的主要技术经济指标：（应由规划编制单位填写）

容积率	建筑密度（%）	绿地率（%）	规划总户数（户）	建筑间距要求(m)	总建筑面积（m^2）	计算容积率总建筑面积（m^2）

公建配套要求	项目名称	用地面积（m^2）		建筑面积（m^2）		项目名称	用地面积（m^2）		建筑面积（m^2）	
		规划要求	申报	规划要求	申报		规划要求	申报	规划要求	申报
	1.									
	2.									
	3.									
	4.									
	5.									
	6.									
	7.									
	8.									
	9.									
	10.									
	11.									

备注	根据有关法律规定，申请人应如实提交有关材料和反映真实情况，并对申请材料实质内容的真实性负责。以虚报、瞒报、造假等不正当手段取得批准文件的，将依法予以撤销。	我单位已阅知有关备注说明，并承诺对申报资料的真实性及数据的准确性（含电子文件与图纸的一致性）负责，自愿承担虚报、瞒报、造假等不正当手段而产生的一切法律责任。 （规划编制单位盖章） 年　月　日

注：报审修建性详细规划（总平面规划方案）需填写以下表格。

案件数据信息表

规划编制单位	名称				报建特许人及编号	
	地址				资质等级	
	联系人		电话		资质证号	
规划项目性质	□居住□机关□军事□院校□工厂□公建□仓储 □交通工程□市政公用设施□园林绿地					
建设用地规划许可证号				地形图号		
用地总面积（平方米）	城市 20m 及以上道路路位面积			m^2		
	城市河涌、水面面积			m^2		
	城市公共绿地面积			m^2		
	核定的计算技术经济指标用地面积			m^2		

原（规划）批复或设计条件批准的主要技术经济指标：（应由规划编制单位填写）

容积率	建筑密度（%）	绿地率（%）	规划总户数（户）	建筑间距要求（m）	总建筑面积（m^2）	计算容积率总建筑面积（m^2）

	项目名称	用地面积（m^2）		建筑面积（m^2）		项目名称	用地面积（m^2）		建筑面积（m^2）	
		规划要求	申报	规划要求	申报		规划要求	申报	规划要求	申报
公建配套要求	1.									
	2.									
	3.									
	4.									
	5.									
	6.									
	7.									
	8.									
	9.									
	10.									
	11.									

备注	根据有关法律规定，申请人应如实提交有关材料和反映真实情况，并对申请材料实质内容的真实性负责。以虚报、瞒报、造假等不正当手段取得批准文件的，将依法予以撤销。	我单位已阅知有关备注说明，并承诺对申报资料的真实性及数据的准确性（含电子文件与图纸的一致性）负责，自愿承担虚报、瞒报、造假等不正当手段而产生的一切法律责任。 （规划编制单位盖章） 年　月　日

6 申请、调整或确认建设用地规划条件

建设用地规划许可证

广州市规划局立案申请表

收件流水号：

立案编号：（确定立案后填写）

<table>
<tr><td colspan="2">建设项目名称 *</td><td colspan="5"></td></tr>
<tr><td colspan="2">建设项目地址 *</td><td colspan="5">区路街号</td></tr>
<tr><td rowspan="6">申请人</td><td rowspan="3">名称 *
（姓名）</td><td rowspan="2"></td><td>地址 *</td><td colspan="3"></td></tr>
<tr><td>电话 *</td><td></td><td>邮政编码 *</td><td></td></tr>
<tr><td>组织机构代码或自然人身份证号码 *</td><td colspan="4"></td></tr>
<tr><td>IC 编码</td><td>1. □□□□□□□□□□</td><td colspan="2">2. □□□□□□□□□□</td><td colspan="2">3. □□□□□□□□□□</td></tr>
<tr><td>受委托人 *</td><td></td><td>联系电话 *</td><td colspan="3">办公：
手机：</td></tr>
<tr><td>属性 *</td><td colspan="5">□划拨类□公开出让类□协议类</td></tr>
<tr><td colspan="2">受理部门 *</td><td colspan="5">□市国土房管局□ _______ 区国土房管局</td></tr>
<tr><td colspan="2">规划许可办理部门</td><td colspan="5">□市局
□越秀分局□天河分局□海珠分局□荔湾分局□白云分局
黄埔分局□番禺分局□花都分局□萝岗分局□南沙分局
（注，此栏由相关规划分局接收资料时确认）</td></tr>
<tr><td>立案类别</td><td colspan="6">□办理《建设用地规划许可证》
□办理建设用地规划许可前期咨询（可选环节）</td></tr>
<tr><td rowspan="2">基本信息</td><td>地形图号</td><td></td><td>申请用地面积</td><td colspan="3"></td></tr>
<tr><td>征地现状土地类别</td><td colspan="5">□旧城区□工厂□村庄□荒地□耕地</td></tr>
<tr><td rowspan="4">建设用地概况</td><td>立项批准机关</td><td></td><td>投资总额</td><td colspan="3"></td></tr>
<tr><td>项目重点属性</td><td>□国家重点□省重点
□市重点□区重点</td><td>批准文件文号</td><td colspan="3"></td></tr>
<tr><td>项目现状</td><td colspan="5">□未开工□正在施工□已竣工□已投入使用</td></tr>
<tr><td>特殊性质</td><td colspan="5">□跨行政区工程□线性市政基础设施工程</td></tr>
<tr><td colspan="2">立案前期</td><td colspan="5">需要规划批前公示□已完成□未完成□不涉及
需要提交专家评审□已完成□未完成□不涉及
需要提交市规委会 / 主任委 / 环艺会 / 名城委等会议审议□已完成□未完成□不涉及
□已完成</td></tr>
</table>

基本文件内容				
序号	文件内容	数量	是否合格	补充是否合格
1	申请函原件 *	1		
2	申请人身份证明 *	1		
3	授权委托书原件	1		
4	代理人身份证明复印件	1		
5				
	……			
规划用地审批所需文件内容（须参照立案标准规定填写）				
序号	文件内容	数量	是否合格	补充是否合格
1	投资批准文件或投资核准文件或投资备案登记文件（复印件）*	1		
2	实测广州坐标现状地形图及电子文件 *	1		
3	绘制在 1:500 现状地形图上的总平面规划图：反映拟选址范围的界线及拐点坐标、建筑的总平面布局、经济技术指标等 *	1		
4	提供建设单位盖章确认的现场照片（彩色、A4 大小，并附有拍摄日期）*	1		
5	《建设项目选址意见书》（含规划条件）和《建设项目选址意见书》或规划条件要求提交的资料；国土房管部门核发的《建设项目用地预审报告书》（复印件）及电子附图（广州坐标）	1		
6	属于以划拨方式取得政府储备用地：土地储备机构出具的准许使用储备用地的意见	1		
7	属于以协议出让方式或公开出让方式取得国有土地使用权的建设项目提供国有建设用地使用权有偿使用合同	1		
8	属于加油（加气）站和高速公路服务区项目提供总平面方案审查的批复及附图（有明确的容积率、建筑密度和绿地率等经济技术指标）	1		
9	属于输变电项目、垃圾处理设施、污水处理设施等环境敏感工程项目，提供环评报告及环保部门批复意见	1		
10				

<table>
<tr><td></td><td colspan="2">* 规划部门历史审批文件文号：
□
□
□
□
□</td></tr>
<tr><td colspan="2">文书送达方式</td><td>□直接到窗口领取　□邮政速递</td></tr>
<tr><td>备注</td><td>根据有关法律规定，申请人应如实提交有关材料和反映真实情况，并对申请材料实质内容的真实性负责。以虚报、瞒报、造假等不正当手段取得行政许可的，将依法予以撤销。
2. 申请人有权进行陈述和申辩。申请人可以在本环节各部门作出行政决定之前向相应行政事项主管部门提交书面陈述申辩意见。
表中加“*”内容为必填内容。</td><td>我单位（个人）已阅知有关备注说明，并承诺对申报资料的真实性及数据的准确性（含电子文件与图纸的一致性）负责，自愿承担虚报、瞒报、造假等不正当手段而产生的一切法律责任。

（申请单位盖章 / 申请个人签名）

年　月　日</td></tr>
</table>

二 规划类

分区规划、专项规划、控制性详细规划、城市设计、保护规划、规划研究等方案审查和申请整治规划设计条件都适用城市规划局立案申请表。

规划类城市规划

广州市城市规划局立案申请表

<table>
<tr><td colspan="2">规划项目名称</td><td colspan="5"></td></tr>
<tr><td colspan="2">规划项目地址</td><td colspan="5">区路街（村）号</td></tr>
<tr><td rowspan="5">申请人</td><td rowspan="2">名称</td><td rowspan="2"></td><td>地址</td><td colspan="3"></td></tr>
<tr><td>电话</td><td></td><td>邮政编码</td><td></td></tr>
<tr><td></td><td>组织机构代码</td><td colspan="4"></td></tr>
<tr><td>IC 编码</td><td>1. □□□□□□□□□□</td><td colspan="2">2. □□□□□□□□□□</td><td colspan="2">3. □□□□□□□□□□</td></tr>
<tr><td>受委托人</td><td></td><td>联系电话</td><td colspan="3">办公：
手机：</td></tr>
</table>

<table>
<tr><td rowspan="3">规划编制单位</td><td colspan="2">名称</td><td colspan="3"></td><td>联系人</td><td colspan="2"></td></tr>
<tr><td colspan="2">地址</td><td colspan="3"></td><td>电话</td><td colspan="2"></td></tr>
<tr><td colspan="2">资质等级</td><td colspan="3"></td><td>资质证号</td><td colspan="2"></td></tr>
<tr><td>立案类别</td><td>规划类</td><td>业务内容</td><td colspan="4">□总体规划（□专项规划□规划研究）
□控制性详细规划（□专项规划□规划研究）
□城市景观风貌规划和城市设计
□名城、名镇、名村保护规划或历史文化街区保护规划
□整治规划□村庄规划（□布点规划）
□其他</td><td colspan="2">□申请规划设计条件
□方案审查
□审批</td></tr>
<tr><td>基本信息</td><td colspan="2">规划区面积</td><td colspan="6"></td></tr>
<tr><td colspan="5">属特定管理区的规划局审核意见</td><td colspan="4">属特定管理区的管委会审核意见</td></tr>
<tr><td colspan="5">（盖公章）</td><td colspan="4">（盖公章）</td></tr>
<tr><td rowspan="11">规划局历史审批及相关资料</td><td colspan="5">立案所需文件内容（须参照立案标准规定填写）</td><td colspan="2">文件编号</td><td>张数</td></tr>
<tr><td colspan="5">1. 申请函（原件）</td><td colspan="2"></td><td>1</td></tr>
<tr><td colspan="5">2. 授权委托书（原件）</td><td colspan="2"></td><td>1</td></tr>
<tr><td colspan="5">3.</td><td colspan="2"></td><td></td></tr>
<tr><td colspan="5">4.</td><td colspan="2"></td><td></td></tr>
<tr><td colspan="5">5.</td><td colspan="2"></td><td></td></tr>
<tr><td colspan="5">6.</td><td colspan="2"></td><td></td></tr>
<tr><td colspan="5">7.</td><td colspan="2"></td><td></td></tr>
<tr><td colspan="5">8.</td><td colspan="2"></td><td></td></tr>
<tr><td colspan="5">9.</td><td colspan="2"></td><td></td></tr>
<tr><td colspan="5">10.</td><td colspan="2"></td><td></td></tr>
<tr><td colspan="3">文书送达方式</td><td colspan="6">□直接到窗口领取　□邮政速递</td></tr>
<tr><td>备注</td><td colspan="3">根据有关法律规定，申请人应如实提交有关材料和反映真实情况，并对申请材料实质内容的真实性负责。以虚报、瞒报、造假等不正当手段取得批准文件的，将依法予以撤销。</td><td colspan="5">我单位已阅知有关备注说明，并承诺对申报资料的真实性及数据的准确性（含电子文件与图纸的一致性）负责，自愿承担虚报、瞒报、造假等不正当手段而产生的一切法律责任。

（申请单位、规划编制单位盖章）
年　月　日</td></tr>
</table>

备注：政府委托规划设计项目无需填写“申请单位”一栏。

三 建设工程

办理加建、改建、扩建建筑工程《建设工程规划许可证》、调整建筑工程《建设工程规划许可证》及附图、附件（含建筑功能部分调整）、《建设工程规划许可》延期与建筑工程设计方案审查同表。

1 建筑工程设计方案审查（单独申报）

建筑工程报建类

广州市规划局立案申请表

<table>
<tr><td colspan="2">建设项目名称</td><td colspan="5"></td></tr>
<tr><td colspan="2">建设项目地址</td><td colspan="5"></td></tr>
<tr><td rowspan="6">申请人</td><td rowspan="2">名称
（姓名）</td><td rowspan="2"></td><td>地址</td><td colspan="3"></td></tr>
<tr><td>电话</td><td></td><td>邮政编码</td><td></td></tr>
<tr><td></td><td>组织机构代码或自然人
身份证号码</td><td colspan="4"></td></tr>
<tr><td>IC 编码</td><td>1. □□□□□□□□□□</td><td colspan="2">2. □□□□□□□□□□</td><td colspan="2">3. □□□□□□□□□□</td></tr>
<tr><td>受委托人</td><td></td><td>联系电话</td><td colspan="3">办公：
手机：</td></tr>
<tr><td>属性</td><td colspan="5">□行政机关□事业单位□企业单位□驻穗部队□其他单位□个人</td></tr>
<tr><td>立案类别</td><td colspan="6">□建筑工程设计方案审查（单独申报，□首次□调整）
□修建性详细规划审定（单独申报，□首次□调整）
□办理建设工程规划许可证（□首次□修建性详细规划或设计方案总平面图经审查同意）
□调整《建设工程规划许可证》及附图附件（□涉及修建性详细规划或设计方案总平面图变动□不涉及修建性详细规划或设计方案总平面图变动）
□办理《建设工程规划许可证》延期使用
□ 其他</td></tr>
<tr><td rowspan="3">基本信息</td><td>用地许可证</td><td></td><td>地形图号</td><td colspan="3"></td></tr>
<tr><td>项目重点属性</td><td>□国家重点□省重点□市重点</td><td>批准文件文号</td><td colspan="3"></td></tr>
<tr><td>项目现状</td><td colspan="5">□未开工□正在施工□已竣工□已投入使用</td></tr>
<tr><td>项目概况</td><td colspan="6">□住宅（□保障性住房□商品房□个人住房）
□公共建筑（□办公□商业□旅游□科教文卫□通信□交通运输用房）
□工厂□其他</td></tr>
</table>

规划部门历史审批及相关资料	立案所需文件内容（须参照立案标准规定填写）	文件编号	份数
	1. 申请函（原件）		1
	规划部门历史审批文件文号：		
文书送达方式	□直接到窗口领取　□邮政速递		
备注	根据有关法律规定，申请人应如实提交有关材料和反映真实情况，并对申请材料实质内容的真实性负责。以虚报、瞒报、造假等不正当手段取得行政许可的，将依法予以撤销。申请人有权进行陈述和申辩。申请人可以在我局作出行政许可（或行政处罚）决定之前向我局提交书面陈述申辩意见。	我单位（个人）已阅知有关备注说明，并承诺对申报资料的真实性及数据的准确性（含电子文件与图纸的一致性）负责，自愿承担虚报、瞒报、造假等不正当手段而产生的一切法律责任。 （申请单位盖章／申请个人签名） 年　月　日	

备注：报审建筑工程设计方案、申请以及调整《建设工程规划许可证》需填写以下表格。

案件数据信息表

<table>
<tr><td colspan="2" rowspan="3">建筑设计单位</td><td>名称</td><td colspan="3"></td><td>报建特许人及编号</td><td></td></tr>
<tr><td>地址</td><td colspan="3"></td><td>资质等级</td><td></td></tr>
<tr><td>联系人</td><td></td><td>电话</td><td></td><td>资质证号</td><td></td></tr>
<tr><td colspan="2">建设项目性质</td><td colspan="6">□住宅□办公□学校□科研□厂房□仓库□体育□市政设施□商业□其他</td></tr>
<tr><td colspan="2">建设用地规划许可证号</td><td colspan="3"></td><td>地形图号</td><td colspan="2"></td></tr>
<tr><td rowspan="26">建筑功能明细</td><td rowspan="2">项目</td><td colspan="3">名称</td><td colspan="3">幢数</td></tr>
<tr><td colspan="3"></td><td colspan="3"></td></tr>
<tr><td rowspan="5">一、建筑规模</td><td rowspan="3">总建筑面积（m^2）</td><td colspan="5"></td></tr>
<tr><td rowspan="2">其中</td><td>地上</td><td colspan="3"></td></tr>
<tr><td>地下</td><td colspan="3"></td></tr>
<tr><td rowspan="2">建筑层数（层）</td><td colspan="2">地上</td><td colspan="3"></td></tr>
<tr><td colspan="2">地下</td><td colspan="3"></td></tr>
<tr><td rowspan="5">二、主要功能</td><td>功能名称</td><td colspan="2">建筑面积（m^2）</td><td colspan="2">功能名称</td><td>建筑面积（m^2）</td></tr>
<tr><td></td><td colspan="2"></td><td colspan="2"></td><td></td></tr>
<tr><td></td><td colspan="2"></td><td colspan="2"></td><td></td></tr>
<tr><td></td><td colspan="2"></td><td colspan="2"></td><td></td></tr>
<tr><td colspan="6">备注：</td></tr>
<tr><td rowspan="4">三、公建配套</td><td>功能名称</td><td colspan="2">建筑面积（m^2）</td><td colspan="2">功能名称</td><td>建筑面积（m^2）</td></tr>
<tr><td></td><td colspan="2"></td><td colspan="2"></td><td></td></tr>
<tr><td></td><td colspan="2"></td><td colspan="2"></td><td></td></tr>
<tr><td colspan="6">备注：</td></tr>
<tr><td rowspan="8">四、其他功能</td><td colspan="3">功能名称</td><td colspan="2">建筑面积（m^2）</td><td>备注</td></tr>
<tr><td colspan="3">1. 地下汽车库 / 地下非机动车库</td><td colspan="2"></td><td></td></tr>
<tr><td colspan="3">2. 地下设备用房</td><td colspan="2"></td><td></td></tr>
<tr><td colspan="3">3. 首层架空</td><td colspan="2"></td><td></td></tr>
<tr><td colspan="3">4. 地上汽车库 / 地上非机动车库</td><td colspan="2"></td><td></td></tr>
<tr><td colspan="3">5. 其他架空层 / 避难层</td><td colspan="2"></td><td></td></tr>
<tr><td colspan="3">6. 屋顶梯屋及电梯机房</td><td colspan="2"></td><td></td></tr>
<tr><td colspan="3">7. 其他</td><td colspan="2"></td><td></td></tr>
</table>

建筑功能明细	五、相关指标	基底面积（m^2）	住宅户数（户）	阳台全面积（m^2）	地下商业面积（m^2）	计算容积率面积（m^2）	容积率
	六、说明	1. 计算容积率面积为本表中第二、三和第四项的第 4、7 点的面积之和。 2. 第三项中的公建配套项目面积为公建的净建筑面积，不含其分摊面积。 3. 基底面积是指首层外墙（柱）外包线所围合范围的建筑面积。 4. 如首层架空作汽车库使用，则该部分只当地上汽车库、非机动车库计，不重复计入首层架空面积。					
备注	根据有关法律规定，申请人应如实提交有关材料和反映真实情况，并对申请材料实质内容的真实性负责。以虚报、瞒报、造假等不正当手段取得行政许可或批准文件的，将依法予以撤销。	我单位已阅知有关备注说明，并承诺对申报资料的真实性及数据的准确性（含电子文件与图纸的一致性）负责，自愿承担虚报、瞒报、造假等不正当手段而产生的一切法律责任。 （建筑设计单位盖章） 年　月　日					

注：住宅项目——建筑工程设计方案审查、申请以及调整《建设工程规划许可证》需填写以下表格。

住房结构比例统计数据表

建筑设计单位	名称				报建特许人及编号			
	地址				资质等级			
	联系人		电话		资质证号			
住房类型	□商品住宅□经济适用房□拆迁安置房□产业工人宿舍□廉租房□解困房							
单幢住房编号	住宅总建筑面积（m^2）	套型类别						备注
		住宅套型建筑面积≤ 90m^2			住宅套型建筑面积＞ 90m^2			
		建筑面积（m^2）	户数（户）	所占比例（%）	建筑面积（m^2）	户数（户）	所占比例（%）	

<table>
<tr><td></td><td></td><td></td><td></td><td></td><td></td><td></td><td></td><td></td></tr>
<tr><td></td><td></td><td></td><td></td><td></td><td></td><td></td><td></td><td></td></tr>
<tr><td></td><td></td><td></td><td></td><td></td><td></td><td></td><td></td><td></td></tr>
<tr><td></td><td></td><td></td><td></td><td></td><td></td><td></td><td></td><td></td></tr>
<tr><td></td><td></td><td></td><td></td><td></td><td></td><td></td><td></td><td></td></tr>
<tr><td></td><td></td><td></td><td></td><td></td><td></td><td></td><td></td><td></td></tr>
<tr><td></td><td></td><td></td><td></td><td></td><td></td><td></td><td></td><td></td></tr>
<tr><td></td><td></td><td></td><td></td><td></td><td></td><td></td><td></td><td></td></tr>
<tr><td></td><td></td><td></td><td></td><td></td><td></td><td></td><td></td><td></td></tr>
<tr><td></td><td></td><td></td><td></td><td></td><td></td><td></td><td></td><td></td></tr>
<tr><td></td><td></td><td></td><td></td><td></td><td></td><td></td><td></td><td></td></tr>
<tr><td></td><td></td><td></td><td></td><td></td><td></td><td></td><td></td><td></td></tr>
<tr><td></td><td></td><td></td><td></td><td></td><td></td><td></td><td></td><td></td></tr>
<tr><td></td><td></td><td></td><td></td><td></td><td></td><td></td><td></td><td></td></tr>
<tr><td>汇总</td><td></td><td></td><td></td><td></td><td></td><td></td><td></td><td></td></tr>
<tr><td>说明</td><td colspan="8">1. 套型面积按照《住宅设计规范》(GB 50096—1999)的有关标准进行计算。
2. 住房结构比例按照住宅建筑面积计算。</td></tr>
<tr><td>备注</td><td colspan="3">根据有关法律规定，申请人应如实提交有关材料和反映真实情况，并对申请材料实质内容的真实性负责。以虚报、瞒报、造假等不正当手段取得行政许可或批准文件的，将依法予以撤销。</td><td colspan="5">我单位已阅知有关备注说明，并承诺对申报资料的真实性及数据的准确性(含电子文件与图纸的一致性)负责，自愿承担虚报、瞒报、造假等不正当手段而产生的一切法律责任。

(建筑设计单位盖章)
年 月 日</td></tr>
</table>

注：报审修建性详细规划需填写以下表格。

案件数据信息表

<table>
<tr><td colspan="2" rowspan="3">规划编制单位</td><td>名称</td><td colspan="4"></td><td colspan="2">报建特许人及编号</td><td colspan="2"></td></tr>
<tr><td>地址</td><td colspan="4"></td><td colspan="2">资质等级</td><td colspan="2"></td></tr>
<tr><td>联系人</td><td></td><td colspan="2">电话</td><td></td><td colspan="2">资质证号</td><td colspan="2"></td></tr>
<tr><td colspan="2">规划项目性质</td><td colspan="9">□居住□机关□军事□院校□工厂□公建□仓储
□交通工程□市政公用设施□园林绿地</td></tr>
<tr><td colspan="2">建设用地规划许可证号</td><td colspan="4"></td><td>地形图号</td><td colspan="4"></td></tr>
<tr><td colspan="2" rowspan="2">用地总面积
（平方米）</td><td colspan="4">城市 20m 及以上道路路位面积</td><td colspan="5">m^2</td></tr>
<tr><td colspan="4">城市河涌、水面面积</td><td colspan="5">m^2</td></tr>
<tr><td colspan="2" rowspan="2"></td><td colspan="4">城市公共绿地面积</td><td colspan="5">m^2</td></tr>
<tr><td colspan="4">核定的计算技术经济指标用地面积</td><td colspan="5">m^2</td></tr>
<tr><td colspan="11">原（规划）批复或设计条件批准的主要技术经济指标：（应由规划编制单位填写）</td></tr>
<tr><td colspan="2">容积率</td><td>建筑密度（%）</td><td>绿地率（%）</td><td colspan="2">规划总户数（户）</td><td>建筑间距要求（m）</td><td colspan="2">总建筑面积（m^2）</td><td colspan="2">计算容积率总建筑面积（m^2）</td></tr>
<tr><td colspan="2"></td><td></td><td></td><td colspan="2"></td><td></td><td colspan="2"></td><td colspan="2"></td></tr>
<tr><td rowspan="13">公建配套要求</td><td>项目名称</td><td colspan="2">用地面积（m^2）</td><td colspan="2">建筑面积（m^2）</td><td rowspan="2">项目名称</td><td colspan="2">用地面积（m^2）</td><td colspan="2">建筑面积（m^2）</td></tr>
<tr><td></td><td>规划要求</td><td>申报</td><td>规划要求</td><td>申报</td><td>规划要求</td><td>申报</td><td>规划要求</td><td>申报</td></tr>
<tr><td>1.</td><td></td><td></td><td></td><td></td><td></td><td></td><td></td><td></td><td></td></tr>
<tr><td>2.</td><td></td><td></td><td></td><td></td><td></td><td></td><td></td><td></td><td></td></tr>
<tr><td>3.</td><td></td><td></td><td></td><td></td><td></td><td></td><td></td><td></td><td></td></tr>
<tr><td>4.</td><td></td><td></td><td></td><td></td><td></td><td></td><td></td><td></td><td></td></tr>
<tr><td>5.</td><td></td><td></td><td></td><td></td><td></td><td></td><td></td><td></td><td></td></tr>
<tr><td>6.</td><td></td><td></td><td></td><td></td><td></td><td></td><td></td><td></td><td></td></tr>
<tr><td>7.</td><td></td><td></td><td></td><td></td><td></td><td></td><td></td><td></td><td></td></tr>
<tr><td>8.</td><td></td><td></td><td></td><td></td><td></td><td></td><td></td><td></td><td></td></tr>
<tr><td>9.</td><td></td><td></td><td></td><td></td><td></td><td></td><td></td><td></td><td></td></tr>
<tr><td>10.</td><td></td><td></td><td></td><td></td><td></td><td></td><td></td><td></td><td></td></tr>
<tr><td>11.</td><td></td><td></td><td></td><td></td><td></td><td></td><td></td><td></td><td></td></tr>
<tr><td>备注</td><td colspan="3">根据有关法律规定，申请人应如实提交有关材料和反映真实情况，并对申请材料实质内容的真实性负责。以虚报、瞒报、造假等不正当手段取得批准文件的，将依法予以撤销。</td><td colspan="7">我单位已阅知有关备注说明，并承诺对申报资料的真实性及数据的准确性（含电子文件与图纸的一致性）负责，自愿承担虚报、瞒报、造假等不正当手段而产生的一切法律责任。

（规划编制单位盖章）
年　月　日</td></tr>
</table>

2 办理新建建筑工程《建设工程规划许可证》

建筑工程

规划报建阶段立案申请表

收件流水号：

立案编号：（确定立案后填写）

<table>
<tr><td colspan="2">建设项目名称 *</td><td colspan="4"></td></tr>
<tr><td colspan="2">建设项目地址 *</td><td colspan="4">区路街号</td></tr>
<tr><td colspan="2">项目编号 *</td><td colspan="4"></td></tr>
<tr><td rowspan="6">申请人</td><td rowspan="3">名称 *
（姓名）</td><td rowspan="2"></td><td>地址 *</td><td colspan="2"></td></tr>
<tr><td>电话 *</td><td>邮政编码 *</td><td></td></tr>
<tr><td>组织机构代码或自然人
身份证号码 *</td><td colspan="3"></td></tr>
<tr><td>IC 编码</td><td>1. □□□□□□□□□□</td><td>2. □□□□□□□□□□</td><td colspan="2">3. □□□□□□□□□□</td></tr>
<tr><td>受委托人 *</td><td></td><td>联系电话 *</td><td colspan="2">办公：　　手机：</td></tr>
<tr><td>属性 *</td><td colspan="4">□行政机关□事业单位□企业单位□驻穗部队□其他单位□个人</td></tr>
<tr><td>受理地点</td><td colspan="5">□市政务中心□番禺区政务中心□花都区政务中心
□萝岗区政务中心□南沙区政务中心</td></tr>
<tr><td>规划许可
办理部门</td><td colspan="5">□市局
□越秀分局□天河分局□海珠分局□荔湾分局□白云分局
黄埔分局□番禺分局□花都分局□萝岗分局□南沙分局
（注，此栏由窗口接收资料时确认）</td></tr>
<tr><td rowspan="3">基本信息
*</td><td>用地许可证</td><td></td><td>地形图号</td><td colspan="2"></td></tr>
<tr><td>项目重点属性</td><td>□国家重点□省重点□市重点</td><td>批准文件文号</td><td colspan="2"></td></tr>
<tr><td>项目现状</td><td colspan="4">□未开工□正在施工□已竣工□已投入使用</td></tr>
<tr><td>项目概况
*</td><td colspan="5">□住宅（□保障性住房□商品房□个人住房）
□公共建筑（□办公□商业□旅游□科教文卫□通信□交通运输用房）
□工厂□其他</td></tr>
<tr><td>现场情况
*</td><td colspan="5"></td></tr>
</table>

立案前期工作 *	是否经审批咨询服务□是□否 是否经技术审查服务□是□否 需要规划批前公示□已完成□未完成□不涉及 需要提交专家评审□已完成□未完成□不涉及 需要提交环艺委审议□已完成□未完成□不涉及 超限高层建筑工程抗震设防专项审查□已完成□未完成□不涉及 大型房屋建设项目初步设计专家评审□已完成□未完成□不涉及 □已完成□未完成□不涉及 注：当“超限高层建筑工程抗震设防专项审查”一项选择“未完成”时，本表格后面内容仅需填写“立案基本文件内容”和“建设部门超限高层建筑工程抗震设防专项审查所需文件内容”部分。
前期规划要求专业管理意见 *	卫生防疫（□资料齐全□资料不齐全□不涉及）国家安全（□资料齐全□资料不齐全□不涉及） 文物保护（□资料齐全□资料不齐全□不涉及）教育设施（□资料齐全□资料不齐全□不涉及） 市容环卫（□资料齐全□资料不齐全□不涉及）水务管理（□资料齐全□资料不齐全□不涉及）地铁保护（□资料齐全□资料不齐全□不涉及）航空限高（□资料齐全□资料不齐全□不涉及） 交通管理（□资料齐全□资料不齐全□不涉及）园林绿化（□资料齐全□资料不齐全□不涉及） 民族宗教（□资料齐全□资料不齐全□不涉及）三旧改造（□资料齐全□资料不齐全□不涉及） □资料齐全□资料不齐全□不涉及

基本立案资料＊

序号	文件内容	数量	是否合格	补充是否合格
1	立案申请表原件及扫描件			
2	申请函原件及扫描件 *	1		
3	申请人身份证明 复印件及扫描件 * （申请人只能是法人或其他组织，应当提交：A、《中华人民共和国组织机构代码证》或其他有效证明文件，企业法人还应当提交《企业法人经营执照》；B、 法人法定代表人或其他组织主要负责人身份证明）	1		
4	授权委托书原件（①有授权委托时应当提供本项资料，应当明确代理权限；②申请人是法人的，加盖建设单位公章）	1		
5	代理人身份证明复印件（有委托代理时应当提供本项）	1		
6	设计单位的建筑设计资质证书或单项建筑设计资质证书复印件及扫描件（如图纸盖出图章可视为已提交）	1		
7	显示或标注有拍照日期的多角度现场照片打印件及电子文件	1		

规划部门核发新建建筑工程《建设工程规划许可证》立案资料

序号	文件内容	数量	是否合格	补充是否合格
1	本次申报的单体建筑设计方案图原件 *	2		

2	绘制在 1/500 现状地形图上的总平面规划图原件 *	2		
3	关于本次申报的单体建筑设计方案的有效的《建筑工程明细核算表》原件（500 平方米以下零星建筑工程不需提交此项）	1		
4	《建筑工程放线测量册》原件 *	2		
5	技术审查合格报告原件 *	1		
6	经技术审查合格的电子磁盘报批文件原件（500 平方米以下零星建筑工程不需提交此项）	1		
7	《建设用地规划许可证》（含规划条件、用地红线图）文证号 *	1		
8	修建性详细规划批文（含已经取得的历次设计方案批复文件或预审查意见等，用地面积在 2 万平方米以上的需提交综合管线规划审批批文文号）文号 *	1		
9	勘测成果资料备案回执复印件及扫描件			
10	《国有土地使用权出让合同》复印件及扫描件（纳入市重点项目绿色通道的不须提供此项）	1		
11	有效的建设用地批准文件及附图复印件及扫描件（1. 纳入市重点项目绿色通道的不须提供此项；2. 已超期的《建设用地批准书》应提供有效延期文件）	1		
12	发改部门立项投资批文（政府投资建设项目需提交此项）	1		
13	规划条件或修建性详细规划批文要求提供的专业管理部门审查意见复印件及扫描件	1		

本审批事项部门窗口联系人：　　联系电话：

注：1. 属于大型房屋建设项目的需选择并填写以下专业部门立案资料模块。
2. “大型房屋建设项目”标准详见建设部门办事指南中《建筑行业（建筑工程）建设项目设计规模划分表》。

建设部门大型房屋建设项目初步设计审查立案资料

序号	文件内容	数量	是否合格	补充是否合格
1	建设工程初步设计审查申请表原件	1		
2	初步设计文件及电子文件（包括总说明、各专业说明、消防篇、节能篇、环保篇、民防篇、各专业设计图纸、概算书等）（原件，加盖建设单位公章、设计单位出图章、注册建筑师章）	1		
3	项目审批部门出具的项目立项批准文件复印件(核对原件）（实行审批制的政府投资项目需提交可研报告的批复）	1		

4	规划部门核发的《建设用地规划许可证件》或建设项目选址意见书复印件（核对原件）	1		
5	规划部门核发的关于修建性详细规划的复文或方案复函复印件（核对原件）			
6	若用地单位发生变更，应提交用地更名依据文件			
7	国土部门核发的建设用地批准文件 复印件（原件核对） （若批准文件已过期，须提交同意申请延期的复函）	1		
8	广州建设工程交易中心确认的《勘察设计中标通知书》复印件（原件核对） （项目审批部门核准需公开招标的项目须提交，由广州建设工程交易中心见证盖章。其他项目需提交招标方式核准意见表）	1		
9	技术评审完成的函原件 （由市建委委托的技术评审部门出具）	1		
10	超限高层建筑抗震设防专项审查意见复印件（原件核对） [《关于印发 < 超限高层建筑工程抗震设防专项审查技术要点 > 的通知》（建质 [2010]109 号）规定的超限高层建筑须提交]	1		

本审批事项部门窗口联系人：　　联系电话：

注：1. 涉及超限高层建筑工程的，需选择并填写以下立案资料模块。
2. 当选择本模块时，其余模块均不可同时选择。

建设部门超限高层建筑工程抗震设防专项审查立案资料。

序号	文件内容	数量	是否合格	补充是否合格
1	申请超限高层建筑工程抗震设防专项审查的函原件	1 份		
2	超限高层建筑工程抗震设防专项审查申报表原件 （原件加盖建设单位、设计单位和注册师等相关印章，表格可从广州城市建设网 www.gzcc.gov.cn “资料下载”栏下载）	1 份		
3	超限高层建筑工程抗震设防专家审查专家意见复印件	1 份		

本审批事项部门窗口联系人：　　联系电话：

注：1. 属于大型人员密集场所和其他特殊建设工程的需选择并填写以下专业部门立案资料模块
2. “大型人员密集场所和其他特殊建设工程”范围详见公安消防部门办事指南。

公安消防部门大型人员密集场所和其他特殊建设工程消防设计审查立案资料

序号	文件内容	数量	是否合格	补充是否合格
1	《建设工程消防设计审核申报表》原件 在 http：//www.gzjd.gov.cn/xiaofang/index_jsp_catid_54_55_263.html 网站下载填写打印	1		
2	建设单位申请函	1		
3	建设单位的工商营业执照等合法身份证明文件 [由申请人自行提出行政许可申请的，应提交有效身份证件复印件；对申请人委托代理人提出行政许可申请的，应出具代理人的有效身份证件，委托人的身份证件复印件及授权委托书（由委托人签名或盖章）]	1		
4	设计单位资质证明文件	1		
5	消防设计文件： （1）土建工程：建筑总平面图、各层平面图、立面图、剖面图。 （2）装修工程：建筑平面图、各层装修平面图、顶棚（天花）装修图纸，或部分楼层图纸。 （3）消防设施图纸。 设计图纸均为蓝图，并加盖设计单位出图章；建筑施工图加盖设计师印章。 （4）设计说明书	1		
6	经批准的修建性详细规划复文及附图复印件	1		

本审批事项部门窗口联系人：　　联系电话：

注：属于民用建筑工程的，根据民防部门办事指南选择并填写以下专业部门立案资料模块。

民防部门民用建筑应建防空地下室——修建防空地下室审查　立案资料

序号	文件内容	数量	是否合格	补充是否合格
1	委托代理人需持建设单位授权委托证明书原件 （www.gzccad.gov.cn 网站在线填写和打印）	1		
2	《建设项目情况登记表》原件 （www.gzccad.gov.cn 网站在线填写和打印）	1		
3	申请修建防空地下室的报告原件 （说明该建设项目地址、规模、性质、总建筑面积、首层建筑面积、地下室概况等），申请小区防空地下室统筹建设的还需提交小区防空地下室建设规划	1		
4	建设项目《建设用地规划许可证》、用地红线图复印件（加盖建设单位章）	1		
5	规划部门关于报审方案的历次复文复印件（加盖建设单位章，如有附图，应提交原图核对）	1		

6	规划部门审定的修详规或方案蓝图（建筑平、立、剖图纸及总平面图）	1		
7	现场情况查勘确认表原件［申请人需提前与市民防办政务服务窗口（电话：38920613）联系进行项目现场查勘。核查有无早期人防工事，是否符合防空地下室修建条件等情况。市民防办当场核发《现场情况查勘确认表》］	1		

本审批事项部门窗口联系人：　　联系电话：

注：属于民用建筑工程的，根据民防部门办事指南选择并填写以下专业部门立案资料模块

民防部门民用建筑应建防空地下室——易地建设防空地下室审查 立案资料

序号	文件内容	数量	是否合格	补充是否合格
1	委托代理人需持建设单位授权委托证明书原件（www.gzccad.gov.cn 网站在线填写和打印）	1		
2	《建设项目情况登记表》原件（www.gzccad.gov.cn 网站在线填写和打印）	1		
3	申请易地建设防空地下室的函（说明该建设项目地址、规模、性质、总建筑面积、易地建设的原因以及缴纳易地建设费等）	1		
4	建设项目《建设用地规划许可证》、用地红线图复印件（加盖建设单位章）	1		
5	规划部门关于报审方案的历次复文复印件（加盖建设单位章，如有附图，应提交原图核对）	1		
6	规划部门审定的修详规或方案蓝图（建筑平、立、剖图纸及总平面图）	1		
7	现场情况查勘确认表原件（申请人需提前与市民防办政务服务窗口联系进行项目现场查勘。核查有无早期人防工事，是否符合防空地下室修建条件等情况。市民防办当场核发《现场情况查勘确认表》）	1		

本审批事项部门窗口联系人：　　联系电话：

注：纳入优化审批流程的各建筑工程均需选择并填写以下专业部门立案资料模块

环保部门核实项目建设方案与环评文件是否相符 所需资料

序号	文件内容	数量	是否合格	补充是否合格
1	建设用地规划许可证及附图复印件	1		
2	修建性详细规划或规划总平面图批文及附图复印件	1		

本审批事项部门窗口联系人：　　联系电话：

<table>
<tr><td>文书送达方式</td><td colspan="2">□直接到窗口领取　□邮政速递</td></tr>
<tr><td>备注</td><td>1. 根据有关法律规定，申请人应如实提交有关材料和反映真实情况，并对申请材料实质内容的真实性负责。以虚报、瞒报、造假等不正当手段取得行政许可的，将依法予以撤销。
2. 申请人有权进行陈述和申辩。申请人可以在本环节各部门作出行政决定前向相应主管部门提交书面陈述申辩意见。
3. 表中加“*”内容为必填内容。</td><td>我单位（个人）已阅知有关备注说明，并承诺对申报资料的真实性及数据的准确性（含电子文件与图纸的一致性）负责，自愿承担虚报、瞒报、造假等不正当手段而产生的一切法律责任。

（申请单位盖章）

年　月　日</td></tr>
</table>

案件数据信息表

<table>
<tr><td colspan="2" rowspan="3">建筑设计单位</td><td>名称</td><td colspan="2"></td><td>报建特许人及编号</td><td></td></tr>
<tr><td>地址</td><td colspan="2"></td><td>资质等级</td><td></td></tr>
<tr><td>联系人</td><td>电话</td><td></td><td>资质证号</td><td></td></tr>
<tr><td colspan="2">建设项目性质</td><td colspan="5">□住宅□办公□学校□科研□厂房□仓库□体育□市政设施□商业□其他</td></tr>
<tr><td colspan="2">建设用地规划许可证号</td><td colspan="2"></td><td>地形图号</td><td colspan="2"></td></tr>
<tr><td rowspan="14">建筑功能明细</td><td rowspan="2">项目</td><td colspan="3">名称</td><td colspan="2">幢数</td></tr>
<tr><td colspan="3"></td><td colspan="2"></td></tr>
<tr><td rowspan="5">一、建筑规模</td><td rowspan="3">总建筑面积（m²）</td><td colspan="4"></td></tr>
<tr><td rowspan="2">其中</td><td>地上</td><td colspan="2"></td></tr>
<tr><td>地下</td><td colspan="2"></td></tr>
<tr><td rowspan="2">建筑层数（层）</td><td colspan="2">地上</td><td colspan="2"></td></tr>
<tr><td colspan="2">地下</td><td colspan="2"></td></tr>
<tr><td rowspan="5">二、主要功能</td><td>功能名称</td><td colspan="2">建筑面积（m²）</td><td>功能名称</td><td>建筑面积（m²）</td></tr>
<tr><td></td><td colspan="2"></td><td></td><td></td></tr>
<tr><td></td><td colspan="2"></td><td></td><td></td></tr>
<tr><td></td><td colspan="2"></td><td></td><td></td></tr>
<tr><td colspan="5">备注：</td></tr>
</table>

<table>
<tr><td rowspan="16">建筑功能明细</td><td rowspan="5">三、公建配套</td><td colspan="3">功能名称</td><td colspan="3">建筑面积（m^2）</td><td colspan="3">功能名称</td><td colspan="3">建筑面积（m^2）</td></tr>
<tr><td colspan="3"></td><td colspan="3"></td><td colspan="3"></td><td colspan="3"></td></tr>
<tr><td colspan="3"></td><td colspan="3"></td><td colspan="3"></td><td colspan="3"></td></tr>
<tr><td colspan="3"></td><td colspan="3"></td><td colspan="3"></td><td colspan="3"></td></tr>
<tr><td colspan="12">备注：</td></tr>
<tr><td rowspan="8">四、其他功能</td><td colspan="6">功能名称</td><td colspan="3">建筑面积（m^2）</td><td colspan="3">备注</td></tr>
<tr><td colspan="6">1. 地下汽车库 / 地下非机动车库</td><td colspan="3"></td><td colspan="3"></td></tr>
<tr><td colspan="6">2. 地下设备用房</td><td colspan="3"></td><td colspan="3"></td></tr>
<tr><td colspan="6">3. 首层架空</td><td colspan="3"></td><td colspan="3"></td></tr>
<tr><td colspan="6">4. 地上汽车库 / 地上非机动车库</td><td colspan="3"></td><td colspan="3"></td></tr>
<tr><td colspan="6">5. 其他架空层 / 避难层</td><td colspan="3"></td><td colspan="3"></td></tr>
<tr><td colspan="6">6. 屋顶梯屋及电梯机房</td><td colspan="3"></td><td colspan="3"></td></tr>
<tr><td colspan="6">7. 其他</td><td colspan="3"></td><td colspan="3"></td></tr>
<tr><td rowspan="2">五、相关指标</td><td colspan="2">基底面积（m^2）</td><td colspan="2">住宅户数（户）</td><td colspan="2">阳台全面积（m^2）</td><td colspan="2">地下商业面积（m^2）</td><td colspan="2">计算容积率面积（m^2）</td><td colspan="2">容积率</td></tr>
<tr><td colspan="2"></td><td colspan="2"></td><td colspan="2"></td><td colspan="2"></td><td colspan="2"></td><td colspan="2"></td></tr>
<tr><td>六、说明</td><td colspan="12">1. 计算容积率面积为本表中第二、三和第四项的第 4、7 点的面积之和。
2. 第三项中的公建配套项目面积为公建的净建筑面积，不含其分摊面积。
3. 基底面积是指首层外墙（柱）外包线所围合范围的建筑面积。
4. 如首层架空作汽车库使用，则该部分只当地上汽车库、非机动车库计，不重复计入首层架空面积。</td></tr>
<tr><td>备注</td><td colspan="7">根据有关法律规定，申请人应如实提交有关材料和反映真实情况，并对申请材料实质内容的真实性负责。以虚报、瞒报、造假等不正当手段取得行政许可或批准文件的，将依法予以撤销。</td><td colspan="6">我单位已阅知有关备注说明，并承诺对申报资料的真实性及数据的准确性（含电子文件与图纸的一致性）负责，自愿承担虚报、瞒报、造假等不正当手段而产生的一切法律责任。

（建筑设计单位盖章）
年 月 日</td></tr>
</table>

该申请表下载网址：www.upo.gov.cn 或 www.upo.cn。二〇一三年五月印制

注：住宅项目——申请《建设工程规划许可证》需填写以下表格。

住房结构比例统计数据表

<table>
<tr><td rowspan="3">建筑设计单位</td><td>名称</td><td colspan="2"></td><td>报建特许人及编号</td><td></td></tr>
<tr><td>地址</td><td colspan="2"></td><td>资质等级</td><td></td></tr>
<tr><td>联系人</td><td></td><td>电话</td><td>资质证号</td><td></td></tr>
<tr><td>住房类型</td><td colspan="5">□商品住宅□经济适用房□拆迁安置房□产业工人宿舍□廉租房□解困房</td></tr>
</table>

<table>
<tr><td rowspan="3">单幢住房编号</td><td rowspan="3">住宅总建筑面积（平方米）</td><td colspan="6">套型类别</td><td rowspan="3">备注</td></tr>
<tr><td colspan="3">住宅套型建筑面积≤ 90 平方米</td><td colspan="3">住宅套型建筑面积＞ 90 平方米</td></tr>
<tr><td>建筑面积（m^2）</td><td>户数（户）</td><td>所占比例（%）</td><td>建筑面积（m^2）</td><td>户数（户）</td><td>所占比例（%）</td></tr>
<tr><td></td><td></td><td></td><td></td><td></td><td></td><td></td><td></td><td></td></tr>
<tr><td></td><td></td><td></td><td></td><td></td><td></td><td></td><td></td><td></td></tr>
<tr><td></td><td></td><td></td><td></td><td></td><td></td><td></td><td></td><td></td></tr>
<tr><td></td><td></td><td></td><td></td><td></td><td></td><td></td><td></td><td></td></tr>
<tr><td></td><td></td><td></td><td></td><td></td><td></td><td></td><td></td><td></td></tr>
<tr><td></td><td></td><td></td><td></td><td></td><td></td><td></td><td></td><td></td></tr>
<tr><td></td><td></td><td></td><td></td><td></td><td></td><td></td><td></td><td></td></tr>
<tr><td></td><td></td><td></td><td></td><td></td><td></td><td></td><td></td><td></td></tr>
<tr><td></td><td></td><td></td><td></td><td></td><td></td><td></td><td></td><td></td></tr>
<tr><td></td><td></td><td></td><td></td><td></td><td></td><td></td><td></td><td></td></tr>
<tr><td></td><td></td><td></td><td></td><td></td><td></td><td></td><td></td><td></td></tr>
<tr><td></td><td></td><td></td><td></td><td></td><td></td><td></td><td></td><td></td></tr>
<tr><td></td><td></td><td></td><td></td><td></td><td></td><td></td><td></td><td></td></tr>
<tr><td></td><td></td><td></td><td></td><td></td><td></td><td></td><td></td><td></td></tr>
<tr><td></td><td></td><td></td><td></td><td></td><td></td><td></td><td></td><td></td></tr>
<tr><td></td><td></td><td></td><td></td><td></td><td></td><td></td><td></td><td></td></tr>
<tr><td></td><td></td><td></td><td></td><td></td><td></td><td></td><td></td><td></td></tr>
<tr><td></td><td></td><td></td><td></td><td></td><td></td><td></td><td></td><td></td></tr>
<tr><td></td><td></td><td></td><td></td><td></td><td></td><td></td><td></td><td></td></tr>
<tr><td></td><td></td><td></td><td></td><td></td><td></td><td></td><td></td><td></td></tr>
<tr><td></td><td></td><td></td><td></td><td></td><td></td><td></td><td></td><td></td></tr>
<tr><td></td><td></td><td></td><td></td><td></td><td></td><td></td><td></td><td></td></tr>
</table>

汇总								
说明	1．套型面积按照《住宅设计规范》（GB 50096-1999）的有关标准进行计算。 2．住房结构比例按照住宅建筑面积计算。							
备注	根据有关法律规定，申请人应如实提交有关材料和反映真实情况，并对申请材料实质内容的真实性负责。以虚报、瞒报、造假等不正当手段取得行政许可或批准文件的，将依法予以撤销。		我单位已阅知有关备注说明，并承诺对申报资料的真实性及数据的准确性（含电子文件与图纸的一致性）负责，自愿承担虚报、瞒报、造假等不正当手段而产生的一切法律责任。 （建筑设计单位盖章） 年　月　日					

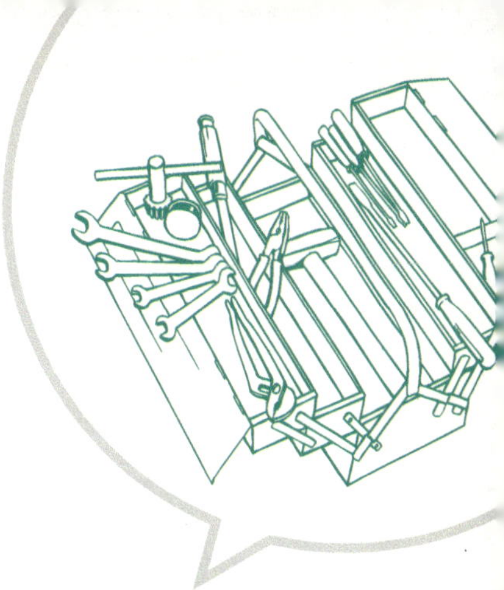

第三章

ChapterTHREE

土地获取及储备

土地对于房地产企业来说，既是最基本的生产资料，又是必要的资本手段和融资工具。土地的获取量和储备量是影响房地产企业发展和未来发展潜力的重要因素。

土地储备及价值评估

- 土地储备管理政策
- 储备土地价值判断标准
- 土地价值评估方法
- 土地储备开发实施环节
- 土地收储方式操作流程
- 土地储备管理体系

土地获取决策管理

- 企业获取土地决策流程
- 地块选择原则
- 项目地段选择流程
- 地块研究的内容
- 获取土地的步骤
- 地产企业常用的拿地方式

土地获取相关表单

- 土地竞买相关表单
- 土地使用权转出让表单
- 地产企业拿地决策表单

第一节

土地储备及土地价值评估

我国的土地储备机构主要是依据当地政府的规章和规范性文件设立的，其性质和功能也不尽一样，主要可以分为政府职能部门设立的土地储备机构（部门）和政府出资设立的企业性质的土地储备机构两种。

一 土地储备管理政策

土地储备，是指市、县人民政府国土资源管理部门为实现调控土地市场、促进土地资源合理利用目标，依法取得土地，进行前期开发、储存以备供应土地的行为。

1 土地储备制度

土地储备制度是土地市场制度建设中的一个重要部分，其操作主体是地方政府，其中具体实施工作可由政府授权或者委托土地收购储备机构完成。

土地储备制度的作用表现在以下五个方面：

①通过建立土地储备体系，政府能将分散的土地重新集中起来，掌握土地批发权，规范土地市场的健康发展。

②通过科学的土地供应计划保持城市地价的平稳性，防止地价的暴涨暴跌，提高政府对城市土地市场的调控能力。

③建立城市土地储备制度，实行存量土地统一收购和垄断供应，可以有效杜绝土地隐形市场和灰色交易；通过土地前期开发实现土地增值，能增加城市政府收入，加快城市基础设施建设。

④在土地储备体系运作过程中，由于实行规划优先的政策，加上集中统一的前期开发和土地整理，城市规划的有关政策和要求可以得到切实的贯彻落实，有利于实现统一规划、统一配置、统一开发、统一建设、统一管理，提高城市土地资源配置效率。

⑤实施土地储备制度，土地供应的计划性增强，增进对闲置、利用率低、配置不合理的城市存量土地的开发利用，增加城市建设用地的有效供给，缓解城市建设对城市郊区农用地的需求，有效保护城市郊区农地。

2 土地储备范围

应当纳入土地储备范围的土地有：

①依法征收的国有土地；

②城市范围内未确定土地使用权的国有空闲土地；

③本行政区域内未利用的国有土地；

④土地使用期限届满被依法收回的土地；依法收回的闲置土地；擅自改变土地使用用途，被国土资源部门责令交还的土地；

⑤经核准报废的公路、铁路、水利等土地；

⑥因单位撤销、迁移等原因停止使用的划拨土地；

⑦因单位破产、产业结构调整等原因调整出的划拨土地；

⑧企业改制中以土地资产变现为目的的土地和通过兼并、收购方式取得土地使用权而改变土地用途的土地；

⑨为公共利益或实施城市规划进行旧城改造需要储备的土地；

⑩以有偿方式取得土地使用权后无力继续开发，又不具备转让条件的土地；

⑪原属军事用地现今不再使用的土地；

⑫依法行使优先购买权购买的土地；

⑬土地使用权人申请收购的土地；

⑭人民法院、土地抵押权人依法拟执行的土地；

⑮无土地使用权人或者土地使用权人不明确的土地；

⑯其他需要进行储备的国有土地。

3 土地储备运作流程

县政府设立县土地储备管理委员会（以下简称土地储备委员会），负责土地收购（收回）、储备、供应的协调和决策工作；批准成立的土地收购储备中心（以下简称土地储备中心），隶属于县国土资源部门，是具有独立法人资格的事业单位。

土地储备中心受土地储备委员会委托，代表县政府统一实施土地收购（收回）、储备和供应工作。

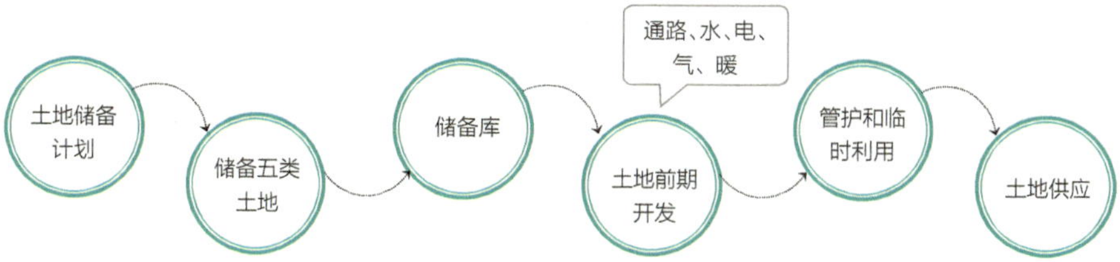

图 3-1 土地储备流程

流程 1. 制定土地储备计划

由土地储备机构编制土地储备计划，由国土、财政、人民银行分支机构审核，报当地政府批准。

流程 2. 确定土地储备范围

收购符合收购条件的闲置土地，包括 12 种类型的土地。

流程 3. 土地前期开发

土地前期开发是把土地由“生地”变“熟地”的过程，是对地块进行平整及通路、水、电、气、暖等必需的基础设施建设。

流程 4. 管护和临时利用储备土地

管护储备土地主要为了防止他人侵占、破坏储备土地，造成新的权利纠纷。临时利用储备土地是指临时出租土地及地上建筑、临时改变用途的方式，相关土地收入应按规定上缴财政。

流程 5. 供应储备土地

供应主体是市、县国土部门，土地储备机构应予配合。

4 土地储备的三个阶段

土地储备大体包括三个阶段：土地收购、土地储备和土地供应。

图 3-2 土地储备的三个阶段

（1）土地收购

土地收购是指土地储备中心依靠城市土地所有权主体地位，根据市政府授权和土地储备计划（包括土地利用计划、土地供应计划、城市发展动态等因素），通过增量土地征用、存量土地强制性收购、到期收回、用地置换等，实现土地使用权由集体或城市其他使用者手中向政府的集中。

（2）土地储备

土地储备是指土地储备中心根据城市总体规划、土地利用总体规划和经济发展的客观需要，对收购的土地进行初步开发、明确规划条件和有关开发利用信息，按照土地供应计划及时做好投放市场的准备。

（3）土地供应

土地供应是城市土地使用权价值的实现环节，即城市政府根据土地利用总体规划和城市规划及城市发展需要和土地市场的需求，将纳入政府土地储备体系的土地使用权有计划地投入市场，根据客观需要和土地供应计划，把土地出让给用地单位，从而获取土地使用权出让金或者其他土地收益的环节。

土地供应包括以行政形式供地和以出让方式供地两种。无论是通过收购、收回、置换或是征用进入储备的地块，出让时均视作一级市场行为，必须统一纳入土地供应总量计划；土地进入市场的方式可以是协议、招标或拍卖。

二 储备土地的10个价值判断标准

判断储备土地的价值指标有10个，分别是土地形状、土地面积、交通环境、区位条件、土地性质、建设现状、片区规划、投资目的、土地附加值和经济界限。

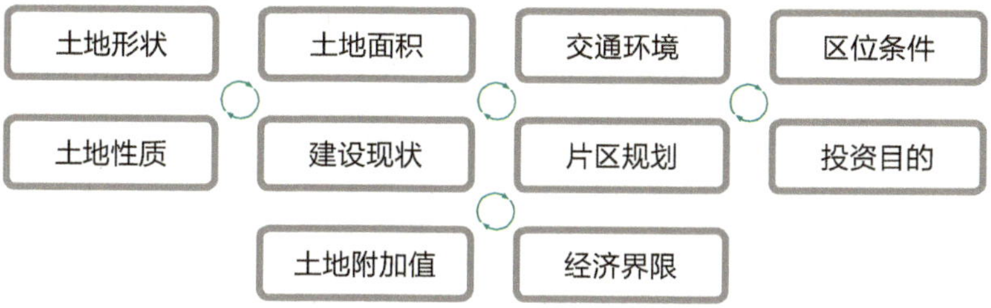

图3-3 判断储备土地的价值指标

1 标准1. 土地形状

形状规则方正的土地便于规划设计和利用，其市场价值大于同等条件形状不规则的土地。

2 标准2. 土地面积

面积适中的土地可以面向更多的用户，过大或过小的面积都将在一定程度上限制土地的使用。但不同的经营活动对土地面积需求不同，所以合适的面积大小没有固定不变的指标。城市中心区的小面积土地投资价值高于城市新区，面积过大的土地将提高企业的财务成本。

3 标准3. 交通环境

一般而言，便利的交通会提高土地的使用价值。但经营活动性质不同，对交通环境的要求也不同，比如普通住宅和别墅对交通环境的要求就截然不同。对于城市新区来说，交通条件显得尤为重要。公交及地铁等公共交通工具的通达性及城市道路的延伸，都将引发新的城市发展热点，引导城市居民进行新的置业。

4 标准 4. 区位条件

区位在一定程度上取决于交通条件，更重要的是判断是否处在信息集散地，是否临近相关产业的产学研基地等。如对广州科学城的建设，广州科学城作为总部经济基地，吸引了大批高端、高附加值、高技术产业进驻，高层次人才汇聚，带动区域房地产市场迅猛发展，前景大好。

5 标准 5. 土地性质

不同的权属在进入市场后会面临不同的费用和办事程序，在一定程度上会影响使用者的投资成本。

6 标准 6. 建设现状

地上建筑物或现阶段的经营活动直接关系到拆迁、安置等方面的费用，而且这部分费用占实际开发成本的比重越来越大。

7 标准 7. 片区规划

城市规划影响着城市的发展，对城市建成区而言，主要影响片区未来的配套和建设强度。以广州为例，白鹅潭、白云新城、亚运板块、新火车站这些新区因为政府已进行了详细规划，表明政府将投入大量的基础设施、公建配套，对区域内房地产市场是极大的支撑，投资前景非常明确。

8 标准 8. 投资目的

不同的目的会对土地价值做出不同的判断。目前涉足土地开发的企业越来越多，而且规模越来越大，对这些公司而言，土地经营或房地产开发可能只是整体投资计划中的一部分。其目的可能是为了分散投资风险，或者作为获得资金的手段，或者是为了创造利好消息来支撑公司股票价格等。

9 标准 9. 土地附加值

土地附加值主要是指和地块所在区域有关联的历史文化渊源、消费者意识形态中对地块的认同感、土地使用者运用的一些针对性的营销手段和发展商的品牌效应等内容。这些价值较为模糊，难以通过明确的定量手段进行评判，很大程度上取决于评判者的经验。但随着市场的成熟，土地附加值所占的比重会越来越大，附加值也将成为营造经营活动个性的重要砝码。

10 标准 10. 经济界限

经济界限即指经济上划不划算。合理的界限是土地还贷利息小于升值额。储备土地不是无限期地当“地主”，虽然开发商可以通过“陆续开发”现象规避“土地闲置两年，政府无偿收回”的规定。但长期的土地储备需要损失相当数量的资金成本，将对项目的整体效益产生影响。

三 土地价值评估方法

评估地块价值往往是通过估算地块价格来实现的。

1 常用的五种地块价值评估方法

常用的评估方法有五类：基准地价法、市场比较法、收益还原法、剩余法和成本法。

表 3-1：地块价值评估方法

地块价值评估方法	公式	项目适用性
基准地价法	宗地楼面熟地价 = 适用的基准地价 × 期日修正系数 × 年期修正系数 × 容积率修正系数 × 因素修正系数	原始地价，与项目地块真实价值相差较远
市场比较法	估价对象比准地价 = 交易地价 × 交易情况修正系数 × 交易日期修正系数 × 区域因素修正系数 × 个别因素修正系数	市场基准地价资料较难获得，可作地块测算参考
收益还原法	土地收益价格 = 土地纯收益（地租）÷ 土地还原利率	有收益的土地和建筑物或房地产的估价
剩余法	地价 = 总售价 - 总建造成本 - 专业费 - 管理费 - 不可预见费 - 销售费用 - 利息 - 税费 - 利润	通过市场发展对项目地块进行价值判断，契合项目
成本法	地价 = 土地取得费 + 土地开发费 + 税费 + 利润 + 土地增值收益 = 土地成本价格 + 土地增值收益	新开发土地、工业用地、既无收益又无比较实例的公建、公益用地的价格评估

（1）基准地价法

基准地价法也称基准地价系数修正法，是通过待估宗地地价影响因素的分析，对各城镇已公布的同类用途同级土地基准地价进行修正，估算待估宗地客观价格方法。由于基准地价是区域平均价，因此，要评估该区域中某一宗地的价格，还必须根据该宗地的区域条件和个别条件，对区域平均价进行修正，方能得出宗地价格。

（2）市场比较法

市场比较法是土地估价中最基本、最常用的估价方法之一，也是国际上通用的基本估价方法。市场比较法根据市场替代原理，将待估土地与具有替代性的，且在近期市场上交易的类似土地进行比较，并对类似土地的成交价格作适当修正，以此估算待估土地客观合理价格的方法。

根据经济学理论，在同一市场上，对于具有相同效用的商品，应该具有相同的市场价格，即具有完全的替代关系。在同一市场上具有替代关系的两个以上商品会因为相互竞争而使其价格相互牵制而趋于一致。

这种方法是在两个可比的土地商品之间按照它们的情况指数、价格指数、区域因素和个别因素的比值来确定待估地的价值。

（3）收益还原法

收益还原法又称收益法、收益资本化法、地租资本化法，是将待估土地未来正常年纯收益，以一定的土地还原利率还原，以此估算待估土地价格的方法。

收益还原法的基本原理是投资购买一块土地而获得的纯收益，在价值上等于将这笔投资存入银行而每年获得的利息量。收益还原法是以土地纯收益的确定为前提，土地纯收益是在土地收益中扣除非土地收益的贡献量，或其应得的报酬后的余额。

（4）剩余法

剩余法又称假设开发法，是在预计开发完成后不动产正常交易价格的基础上，扣除预计的正常开发成本及有关专业费用、利息、利润和税收等，以价格余额来估算待估土地价格的方法。

表 3-2：剩余法与收益还原法的异同

项目	剩余法	收益还原法
相同点	对未来剩余收益的计算	
不同点	从资本化后的价格中扣除非土地因素价值贡献	从总收益费中扣除其他因素收益，再以一定的利率进行还原而得到的土地纯收益

剩余法主要应用于有开发价值的土地估价，一般有以下 4 种类型：

①待开发土地估价；

②待拆迁改造的开发房地产估价；

③仅将土地或房产整理成可供直接利用的土地或房地产的估价；

④现有新旧房地产地价的单独评估，即从房地产价格中扣除房屋价格，剩余之数即为地价。

（5）成本法

成本法是以开发土地所耗费的各项客观费用之和为主要依据，再加上一定的利润、利息、应缴纳的税金和土地增值收益来确定土地价格的方法。成本法是从投资成本角度来考察土地的价值，它不能完全反映土地的真实价值。

2 划拨土地价值评估方法

划拨土地使用权可依法进行抵押、转让、出租，但与出让土地使用权相比，国家对划拨土地进入二、三级市场有较严格的限制，而且禁止利用划拨土地进行经营活动。若将划拨土地使用权价格加上出让金，则应等于出让土地使用权价格。在此理论基础上，可采用以下三种方法计算划拨土地使用权价格。

图 3-4 划拨土地价值评估方法

（1）成本法

划拨土地使用权价格应为土地成本价格，包括土地取得费、土地开发费、有关税费、利息和利润。虽然用成本法计算出让土地价格时，土地价格为土地成本价格与土地增值收益之和。但因为土地增值收益源于“增值地租”，归土地所有者即国家所有，相当于出让金部分。土地成本价格则成为土地使用者在取得土地使用权时支付的平均成本。

（2）收益还原法

划拨土地使用权价格等于划拨土地的纯收益除以土地还原利率。划拨土地的纯收益可通过调查与待估宗地属于同一区域的国有企业土地租赁的租金水平来间接计算。国有土地租赁的租金水平由土地出让金水平决定，用土地纯收益减去国有土地租赁的租金，可得到划拨土地的纯收益。再经过区域因素、个别因素的比较修正，求得待估划拨土地的纯收益。

（3）市场比较法

我们可通过对划拨土地交易案例进行交易情况、期日、区域以及个别因素的修正得出待估划拨土地使用权价格。划拨土地使用权价格可用出让土地使用权价格扣减出让金间接计算。目前，很多地方通常以评估地价的一定比例收取土地出让金，出让金比例较为固定。划拨土地使用权价格 = 出让土地使用权价格 ×（1 －出让金比例）。

四 土地储备开发实施环节

土地储备开发实施过程中涉及征地、拆迁和市政基础设施建设和项目验收四个环节。

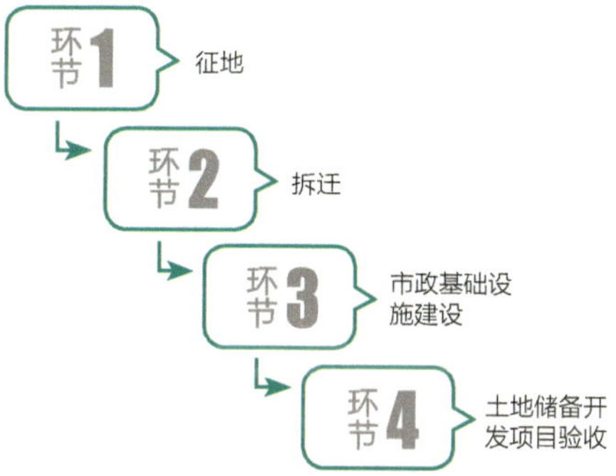

图 3-5 土地储备开发实施环节

1 征地

国家为公共利益的需要，可以按照法定程序强制征收农民集体所有土地，并根据补偿标准一次性给予被征地者一定的货币补偿。土地被征收后，其所有权属于国家，不再属于农民集体。

征地遵循的工作原则有：公开公正原则、切实维护被征地农民合法权益原则、被征地农民生活水平不降低，长期生活有保障原则和地上作跟踪检查原则。

（1）征地程序

征地程序分前后衔接的两大块，即征地的批准程序和征地的实施程序。

图 3-6 征地的批准程序（以大型建设项目为例）

实施征地要经过发布征地公告、办理征地补偿登记、拟订征地补偿安置方案、确定征地补偿安置方案、地上物拆除与安置建设和土地交付等流程。

表 3-3：征地实施程序

程序	其他指标	具体内容
发布征地公告	发布机关	市县政府
	发布范围	被征收土地所在地的乡（镇）、村
	公告内容	批准征地机关、批准文号、征收土地用途、范围、面积以及征地补偿标准、农业人员安置办法、办理征地补偿的期限等
	发布后果	公告发布后抢栽、抢种的农作物或抢建的建筑物不列入补偿范围
办理征地补偿登记	登记机关	征地公告指定的政府地政部门
	登记申请人	被征收土地的所有权人、使用权人
	登记期限	征地公告规定的期限
	登记所需材料	土地权属证书、地上附着物产权证明等文件
	不办理登记的后果	不列入补偿范围
拟订征地补偿安置方案	拟订机关	市、县政府地政部门会同有关单位
	拟订根据	土地登记资料、现场勘测结果、经核对的征地补偿登记情况、法律法规规定的征地补偿标准
	方案内容	土地补偿费、安置补助费、青苗补偿费、附着物补偿费等事项
	方案公告	市、县政府地政部门在被征收土地所在地的乡（镇）、村公告方案，听取被征收土地的农村集体经济组织和农民的意见
	报批	由市、县政府地政部门报市、县政府批准
确定征地补偿安置方案	确定和批准机关	市、县政府（并报省政府地政部门备案）
	组织实施机关	县级以上政府地政部门
	费用支付	在方案之日起 3 个月内全额支付给被征地的单位和个人，未按规定支付费用的，被征地的单位和个人有权拒交土地

程序	其他指标	具体内容
地上物拆除与安置建设	农业生产安置、重新择业安置、入股分红安置和异地移民安置	
土地交付	被征地单位和个人应当按规定的期限交付土地	

（2）征地补偿的内容与标准

征地补偿项目有土地补偿费、青苗补偿费、附着物补偿费和安置补助费。

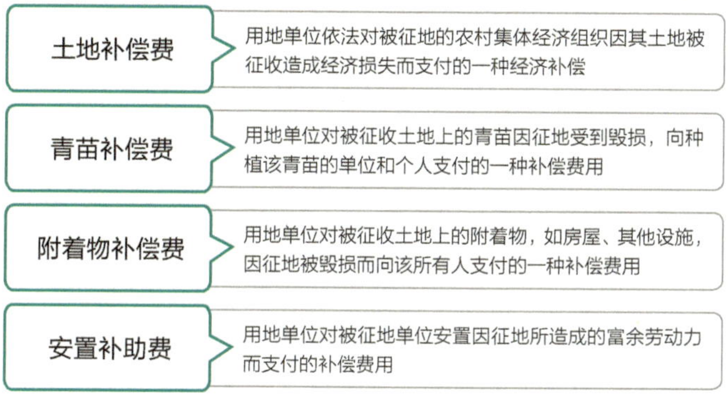

图 3-7 征地补偿项目

各项征地补偿费用的具体标准、金额由市、县政府依法批准的征地补偿安置方案规定。

土地被征收前 3 年平均年产值的确定（有关土地补偿费、安置补助费的补偿标准）：按当地统计部门审定的最基层单位统计年报和经物价部门认可的单价为准。

按规定支付的土地补偿费、安置补助费尚不能使需要安置的农民保持原有生活水平的，可增加安置补助费。但土地补偿费和安置补助费的总和不得超过土地被征收前三年平均年产值的 30 倍。

2 拆迁

拆迁是指取得拆迁许可的单位，根据城市建设规划要求和政府所批准的用地文件，依法拆除建设用地范围内的房屋和附属物，将该范围内的单位和居民重新安置，并对其所受损失予以补偿的法律行为。

拆迁工作要维护社会稳定、符合城市规划、有利于城市旧区改造和有利于生态环境改善。

（1）实施程序

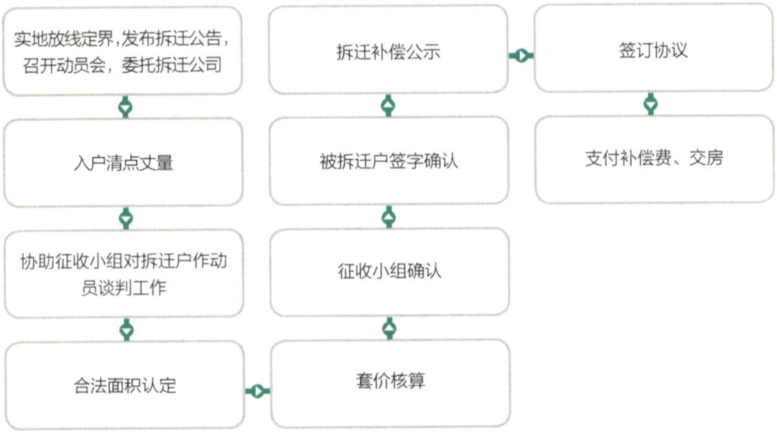

图 3-8 拆迁实施流程

第一，实地放线定界，发布拆迁公告，召开动员会，委托拆迁公司。

国土分局会同用地单位联系市工地勘测规划院按照经批准的勘测定界图和选择意见书实地放线定界；征地拆迁工作专班拟定征地拆迁补偿安置方案并进行公告，组织被征地拆迁人员召开征地拆迁动员会。政府征收小组委托拆迁公司。

第二，入户清点丈量。

拆迁公司受政府及工程指挥部委托入户清点丈量，被拆迁户在原始调查登记表上签字确认；拆迁公司对入户调查的数据分户进行整理，建立电子表。

第三，协助征收小组对拆迁户作动员谈判工作。

第四，合法面积认定。

征收小组工作人员共同认定被拆迁房屋的合法面积及还房面积。

认定依据：土地使用证、农村个人建房规划许可证、用地许可证、个人建房用地档案、项目小组专题会议纪要等。

特殊情况处理程序：被拆迁户书面情况说明，村委会签署明确意见，征收小组集体研究。

第五，套价核算。

拆迁公司根据实地清点丈量数据和征收小组确认的合法面积，进行套价核算，建立电子表。

第六，征收小组确认。

征收小组工作人员在套价核算表上签字确认。

第七，被拆迁户签字确认。

被拆迁户在测算表上签字确认。如有错漏，由拆迁公司补充调查，征收小组人员实地核实。拆迁公司建立增补或更正表，征收小组工作人员在该表上签字确认后，交被拆迁人签字确认。

第八，拆迁补偿公示。

政府将被拆迁户拆迁补偿标准、补偿金额、被拆房屋合法面积、还房面积等进行公示。

第九，签订协议。

拆迁公司与被拆迁人签订《拆迁补偿协议书》，政府征收小组与被拆迁人签订《还房协议书》、《搭住费协议书》等。

第十，支付补偿费、交房。

资金管理部门将房屋拆迁补偿费支付给被拆迁户，被拆迁户上交土地使用证、交被拆迁房屋。

（2）拆迁补偿

拆迁补偿对象是被拆迁房屋及其附属物的所有人。

拆迁补偿的范围是被拆迁的经合法程序建成的房屋及其附属物。

常用的拆迁补偿方式有货币补偿、产权置换和结合型补偿。

图 3-9 三种补偿方式

货币补偿

货币补偿是通过不同的法定依据由专业的评估机构对被拆迁房屋进行专业估价，生成有据可循的多元组成的补偿金额。

表 3-4：三种法定评估依据

评估方法	具体内容
市场评估价	指被拆迁房屋的房地产市场价格，是由符合规定的专业估价机构根据估价目的，遵循估价原则，按照估价程序，选用适宜的估价方法，并在综合分析影响房地产价格因素的基础上，对房地产在估价时点的客观合理价格或价值进行估算和判定的活动
商品房交易均价	指同区域、同类型普通住宅商品房交易平均价格，由相关部门每季度定期汇总测定并公布
重置价	指由估价机构采用估价时点的建筑材料和建筑技术，按估价时点的价格水平，判定出重新建造与估价对象具有同等功能效用的全新状态的建筑物的正常价格

产权置换

产权置换即产权调换，根据不同评估标准，有两种置换方式。

表 3-5：不同类型产权置换

分类标准	类别	具体内容
根据不同评估标准	价值标准产权置换	依照法定程序，通过对被拆迁人房屋的产权价值进行评估，之后再以新建房屋的产权价值予以等价置换
	面积标准产权置换	以房屋建筑面积为基础，在应安置面积内不结算差价的异地产权房屋调换
根据不同置换地点	异地安置	开发项目因部分原因不能进行回迁安置，只能选择在其他地块上新建安置房，再通过产权的增减尽量以等价价值做产权置换
	回迁安置	开发商拆迁重建项目回迁安置，通过产权置换比例完成回迁

结合型补偿

由于我国城市化进程与其他诸多客观因素，导致房价和地价虚高，造成了诸多不能够单用货币补偿或者产权置换解决的问题，所以出现货币补偿和产权置换相结合的补偿方式。

3 市政基础设施建设

土地储备开发实施主体组织专业人员对市政建设进行施工预算，将预算结果作为招标的标底，通过招投标方式选择市政建设施工、监理单位。同时，土地储备开发实施主体向建设管理部门申办市政工程开工许可证。

市政基础设施建设包括临时“三通建设”临时通路、临时通电和临时通水。施工内容包括场地平整、道路施工和管线施工。

4 土地储备开发项目验收

项目验收包括内部验收、监理验收和正式验收。其中正式验收包含四个环节：现场验收、权属验收、资料验收和成本验收。

验收之后，验收组出具验收意见，验收合格项目纳入土地储备库或直接组织入市交易；对于不合格项目，验收组提出问题及解决方案，并明确解决期限，待改进后重新组织验收。

五 三种土地收储方式操作流程

土地收储有三种方式：分别是收购、收回和征用。

图 3-10 土地收储的三种方式

1 收购储备流程

凡符合《土地储备实施办法》中规定的国有土地，均可由土地储备中心进行收购。其基本操作流程见下图：

图 3-11 收购储备流程

流程 1. 申请

土地使用权人持土地使用权证书及相关资料申请土地储备中心进行收购；没有土地使用权证书的，应当由县国土资源局确认权属。

流程 2. 受理申请

对土地使用权人提出的收购申请，土地储备中心在认定符合收购条件后，正式予以受理。受理须要求申请人提交收购申请书、法人资格证书、授权委托书、营业执照、土地使用权合法证明、房屋使用权合法凭证、宗地图纸、单位主管部门意见等相关资料。

流程 3. 实地勘察

受理土地使用权人申请后，实行土地及地上建筑物与附着物权属、土地与房屋面积、四至范围、土地现状及用途、收购所需费用等方面的调查。

流程 4. 拟订方案

根据调查的情况，国土资源储备中心在征求规划部门意见并搞好评估测算的基础上，拟定收购方案。

流程 5. 方案报批

将收购方案及土地收购审批表上报市国土资源局集体会审讨论通过。对特殊地块的收购，报市土地储备委员会批准。

流程 6. 签订合同

方案批准后，由国土资源储备中心与原土地使用权人签订《国有土地使用权收购合同》。合同主要内容包括宗地位置、面积、用途及权属依据，土地收购补偿费用及其支付方式与期限，交付土地的期限与方式，违约责任与纠纷处理方式等。

流程 7. 履行合同

按照合同约定，双方履行各自的权利与义务。主要包括收购补偿费的支付、土地及地上附属物权属的变更、土地交付等。

流程 8. 权属变更

根据国有建设用地使用权收购合同的约定，原土地使用权人与土地储备中心共同向县国土资源、房管部门申请办理权属变更登记手续。

流程 9. 入库管理

土地使用权人将土地交付后，土地储备中心将其纳入政府土地储备库，填写《储备土地入库登记表》，并按《储备土地地块管理暂行办法》进行管理。

2 收回储备流程

收回储备是指土地储备中心将法律规定应当收回，或土地使用权人暂无开发能力申请收回，或城市建设发展调整规划需要收回的地块依法收回，使之进入政府土地储备库的行为。其基本操作程序见下图：

图 3-12 收回储备流程

流程 1. 实地查证

对应当收回或申请收回的土地，由国土资源储备中心会同市国土资源局相关科室对拟收回地块进行实地调查取证。

调查内容主要有：土地利用现状、地上附着物情况、土地使用权人意见、收回的理由及该宗土地的资料图纸等。

流程 2. 拟制方案

根据调查的情况，中心会同市国土局相关科室拟制具体的收回方案。

方案主要内容包括土地利用现状、收回方式及依据、补偿方案等。

流程 3. 方案报批

将收回方案上报市国土资源局集体会审，并按照批准权限，上报上级有审批权机关审批。

流程 4. 下达决定

方案批准后，市国土资源局根据政府和上级国土部门授权，向土地使用人下达土地使用权收回的决定。对无偿收回的土地，由市国土资源局法规监察部门按行政处罚程序办理。

流程 5. 支付补偿

对有偿收回的土地，由国土资源储备中心向原土地使用权人支付补偿费。

流程 6. 变更权属

土地收回后，市国土资源局注销该地块的土地使用权证，国土资源储备中心将其纳入政府土地储备库，并对外公告。

流程 7. 入库管理

对入库后的土地，填写《土地入库登记表》，由土地储备中心按有关规定进行管理。

3 征用土地（新增建设用地）流程

征用土地储备是指国土资源储备中心根据土地利用总体规划、城市建设总体规划、土地利用年度计划、土地市场需求，为强化政府土地资本营运后劲而将城市规划区范围内的集体土地统一征为国有并将其纳入政府土地储备库的活动。其基本操作程序见下图：

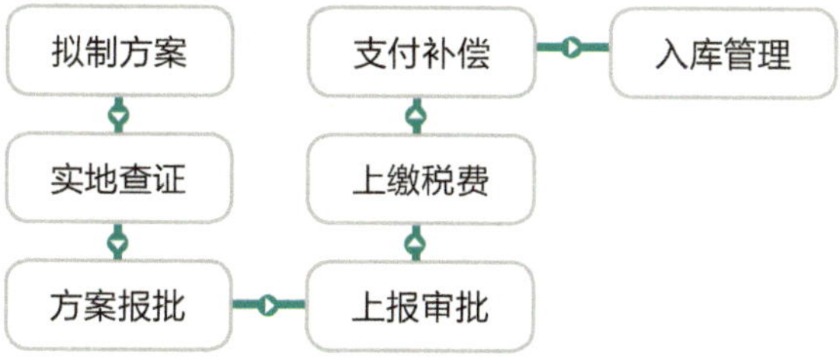

图 3-13 征用土地储备流程

流程 1. 拟制方案

国土资源储备中心会同市规划部门对拟征用的集体土地进行现场查看，明确拟征土地位置及用途。根据规划部门的选址意见，由国土资源储备中心拟制统一征地方案。

流程 2. 实地查证

市国土资源储备中心会同市国土资源局及相关科室对土地进行实地勘测、明确土地权属、对所征用土地的现状及地类、征地拆迁基本情况进行调查。

流程 3. 方案报批

将征地方案提市国土资源局集体会审并讨论通过。

流程 4. 上报审批

市国土资源储备中心会同市国土资源局相关科室，依据征地审批权限，将征地报批资料报有审批权机关批准。重建基地用地资料一并报批。征地过程中的各项税费项目，由国土资源储备中心一并缴纳。

流程 5. 上缴税费

市国土资源储备中心按照审批要求，及时上缴征地相关税费。

流程 6. 支付补偿

根据审批文件，市国土资源储备中心委托市征地拆迁事务处对被征用地块进行土地、地上建筑物、附着物拆迁补偿和劳动力安置补偿。补偿费由市国土资源储备中心按财政局投资评审中心征地拆迁项目预决算进行统一支付。

流程 7. 入库管理

征地拆迁补偿完毕后，征地拆迁事务处将被征用土地交市国土资源储备中心，进入政府土地储备库，由国土资源储备中心填写《土地入库登记表》，并按有关规定进行管理。

六 土地储备管理体系

市、县人民政府是土地储备监督审批部门，负责审批土地储备计划；

市、县国土资源部门是土地收储主管部门，负责拟订土地储备计划；

土地储备交易机构是收储具体组织部门，负责组织储备、融资、出让等工作；

一级开发实施单位是土地收储具体实施单位，负责一级开发业务。

由市、县人民政府监督审批市、县国土资源部门的土地储备计划，由市、县国土资源部门委托土地储备交易机构进行具体组织工作，由一级开发实施单位负责具体实施工作。

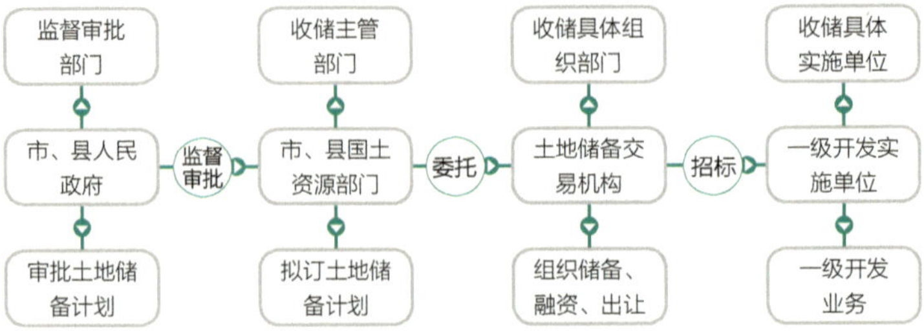

图 3-14 土地储备管理体系

第二节

地产企业土地获取决策管理

房地产企业进行土地储备前需要考虑三个前提：一是土地供应判断是否准确；二是是否已研究市场需求；三是资金如何解决。

图 3-15 地产企业土地储备前需思考的三个前提

一 土地储备对地产企业的重要性

土地储备对房地产企业至关重要，土地储备的重要性主要体现在两个方面：一是，土地储备是房地产企业发展的基础；二是，土地储备量决定房地产企业的成长性。

1 土地储备是房地产企业发展的基础

对于房地产行业来说，没有土地储备， 企业的开发项目一旦结束，就面临失业的局面；如果土地储备数量不充足，也会导致企业内部不稳定，影响企业内部团结。

2 房地产企业土地储备量要合适

土地储备存续比是个评判指标，土地储备存续比指的是土地储备面积和单个销售季度销售额之比，是衡量一个房地产企业在一个时间段内根据土地开发销售速度，现有土地储备可供使用的时间。土地储备量并非越多越好，要根据房地产企业自身条件来衡量。

如何来评判企业土地储备数量是否合适？从某咨询机构长期以来对企业土地储备的研究来看，土地储备存续比值应保持在 20 ～ 35 之间比较合适， 即在现有销售状态不变的情况下，储备有够 5 ～ 9 年的开发用地。

二 企业获取土地决策流程

房地产企业土地获取决策流程可以分为四个阶段：战略评估阶段、效益评估阶段、可行性评估阶段和执行阶段。

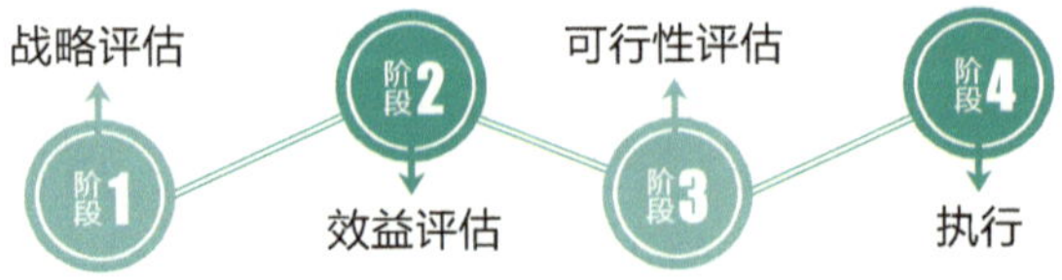

图 3-16 土地获取企业决策流程

1 阶段 1. 战略评估

战略评估阶段主要工作是将收集的信息整理成项目建议书，呈报集团领导审批。

表 3-6：战略评估阶段主要工作

环节	工作内容
信息初报	将获得的土地信息进行初步分析，根据地理位置、周边市场情况和土地报价判断是否进行实地踏勘，陈述主要理由，形成初步情况分析报告，上报集团董事长请示
项目建议书	对需要跟进的土地，进行实地踏勘和市场调查，完成项目建议书
审核项目建议书	由集团董事长审核批准是否进入投资决策流程，获批后，进入土地投资决策流程的第二阶段，效益评估阶段。如未获批，该幅土地的项目建议书进入永久性存档

2 阶段 2. 效益评估

效益评估阶段即估算财务收益，主要涉及对各类财务报表数据分析及审核。常用效益评估报表有投资估算表、利润分析表、现金流量表等。

表 3-7：效益评估阶段主要工作

环节	主要内容
投资估算表	根据项目建议书，对地块的土地费用、前期费用、大市政配套费、建筑安装费、管理费、财务费、营销费进行投资估算，计算总投资
利润分析表	根据投资估算表和项目总投资，对项目成本利润进行分析，计算税前利润、税后利润、投资利润率、总投资利润率
现金流量表	根据土地的投资估算、利润分析、项目工程性质对项目现金流量进行分析，计算年净现金流量、累计现金流量、内部收益率、财务净现值 NPV、投资回收期、季度收益率、盈亏平衡销售率等
审核评估效益	提交集团董事长审核批准是否进入可行性评估阶段，获批后进入可行性评估阶段，如未获批，该幅土地效益评估和项目建议书进入永久性存档

备注：
根据项目实际情况，投资决策之战略评估阶段成果文件审核环节可省略，直接进入投资决策流程之效益评估阶段，和效益评估阶段成果文件效益评估报告合编成文并列提交集团董事长审核。

3 阶段 3. 可行性评估

可行性评估阶段是研究项目操作可行性，包括编制和审核项目可行性研究报告两个工作内容。

表 3-8：可行性评估阶段主要工作

环节	主要内容
编制可行性研究报告	在战略评估和效益评估阶段成果——项目建议书和效益评估报告的基础上，编制土地项目（预）可行性研究报告
审核和决策	将土地项目（预）可行性研究报告提交集团董事长和董事会审核和决策，获批后进入投资决策流程之执行阶段

4 阶段 4. 执行

考察完项目可执行性后，即可安排参与投标，进而努力获得项目土地使用权，签署相关法律文件。

三 地块选择原则

选择开发地块时要遵循以下 7 个原则：

表 3-9：房地产开发地块选择原则

原则	内容
遵循城市规划指引原则	选择地块时，要紧跟随城市规划脚步，在规划中寻求地块使用方向，在规划实施中寻求开发机会。注意旧城改造项目和新区建设项目。利用城市建设重点工程波及效应，如火车站改造建设、重大投资项目等
人流、物流、信息流适度密集原则	城市的基本功能之一是人流、物流、信息流、资本流的汇集与流动，在流动中形成聚集效益、规模效益、关联效益。商业物业开发决定于人流密集程度。工业物业开发依赖于物流畅通程度
周边环境评价与协调原则	房地产价值体现在自用空间价值、小区内部环境价值、周边环境价值与区位环境价值的总和。周边环境包括自然环境、生态环境、交通环境、设施配套环境、购物休闲环境、文化教育环境、社会环境和房地产市场环境等
同类物业相聚与功能互补原则	同类物业聚集同一地段的聚合效应能提升知名度，而知名度效应信息沟通又能强化竞争效应。只有进行同类不同质的差异化开发经营，才能获得共赢
入市时机契合原则	踩准入市时机
土地开发价值与潜在收益原则	进行土地开发能获得一定价值，包括收益和社会价值
与企业开发意图对应原则	企业开发经营战略、企业开发经营实力与资金安排一致

表 3-10：多类物业开发地块选择条件

物业类型	选择条件
居住物业	1. 市政公用和公建配套设施完备程度； 2. 公共交通便捷程度； 3. 环境（空气、水、噪声等）； 4. 居住文化传统（例如北京东富西贵等）
工业用地	1. 接近原材料产地； 2. 交通运输条件； 3. 水、电等配套设施
商业物业	1. 最短时间； 2. 区位易达性； 3. 接近购买力； 4. 商业氛围浓厚
写字楼物业	1. 与其他商业设施的接近程度； 2. 周围土地利用情况和环境； 3. 交通便捷性
酒店物业	1. 交通便捷； 2. 周边环境优美； 3. 有足够大的停车场

四 进入城市四项选择指标

房地产开发商选择在哪个城市投资地块，有一定的选择标准。常用的判断指标有城市规模、市场竞争情况、溢价机会和市场公平情况。

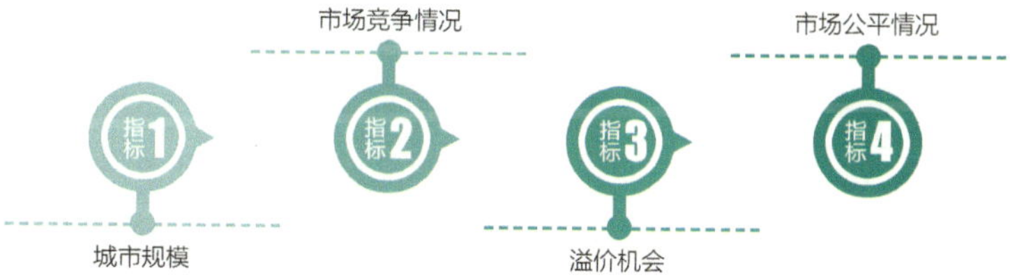

图 3-17 拿地城市选择指标

1 指标 1. 城市规模

拿地的首要因素是可行，其次才是尽可能高的土地溢价空间。决定项目可行性首要标准是城市的市场规模大小。城市价值体现在市场规模上，市场规模大，项目平台才大，操盘选择面大，公司后续也能增加项目，扩大市场份额。

图 3-18 判断城市市场规模的两个表现

判断一个城市市场规模的外在体现是房屋成交量（包括一手房和二手房），内部因素是人口规模、人口结构和购房偏好。影响市场规模的人口及需求因素是研究城市市场趋势的根本，市场房屋成交量是评判市场规模的参考数据。

表 3-11：评判城市市场规模的内部因素

因素	主要目的
人口规模	不仅要了解市区自身人口数量，更要分析中心城区对城市以外区域和对下辖县的人口集聚力
人口结构	分析购房人口的家庭生命周期，确定刚需、改善型和享受型等细分的规模及趋势
购房偏好	确定城市居民购房偏好
人口规模需考察三个方面：市区的人口规模、自然增长及城市化速度，下辖县人口迁入（受城市首位度影响）和城市外部人口迁入（受城市辐射力影响）	

2 指标 2. 市场竞争情况

城市房地产市场竞争的根源在于土地，分析三个指标可以确定该城市竞争程度及趋势。

表 3-12：评判市场竞争程度及趋势指标

指标	反映内容
城市土地资源的稀缺程度与政府土地供应的节奏和规模	决定长期竞争趋势
开发商手中的存量土地规模及在建未售项目数量	决定短期竞争程度，即当前拿地未来所面临的竞争程度
在售项目的规模及去化速度	反映市场需求情况

3 指标 3. 溢价机会

对于一名土地储备工作者而言，确保项目的可行性只是初级，尽可能追求土地带来的溢价才是终极目标。

城市给予土地溢价的机会主要表现在以下三个方面：

①需求带动，即城市化进程带来的人口红利。客群加权城市化水平介于 45% ～ 55% 之间，城市化进程最快，房价上涨也最快。

②成本推动。如果政府土地收储来源由天然净地转为旧改或拆迁为主时，或是政府在城市某一区域投入大量市政建设时，土地的成本价格均会大幅上升，在此之前布局土地无疑有很好的土地溢价空间。

③供给结构波动。每个城市的土地供应是波动的，或因受到外来开发商及资金进入影响，需求也是波动的。供给结构的转变会大幅提升地价，抢在其他地产商大举进入之前，适时布局，将会享有很好的土地溢价空间。

除此之外，还要注意城市购买能力，包括经济总量和人均水平，不同支柱产品间财富创造水平，国有企业与私人企业在 GDP 的占比等。

链接

城市化率与项目区位对土地溢价的影响

土地溢价来源于土地价值的变化，包括地段、交通、配套、人文、环境等方面。而这些方面的提升主要来源于城市发展中的城市建设投入。所以确定土地溢价就是要确定在城市发展过程中，每个阶段哪些区域的城市建设投入大。

表 3-13：城市化率对土地溢价的影响

城市化率	土地溢价特点
在 40% 以内	城市建设主要集中在老城区，老城区的土地升值空间最快
在 40%~50% 时	城市开始建设新城区，市政建设向新区建设倾斜，但市民仍然认可老城区，老城区和城市新区的土地价值同时上升

城市化率	土地溢价特点
在 50%~60% 时	新区建设基本成型，城市市政建设向近郊转移，城市进入被动郊区化阶段，市民对新区认可度高，对近郊生活仍有疑虑，此时新区的土地升值最快，近郊土地价值开始步入快车道
在 60%~70% 时	城市化水平提高，近郊建设效果逐步展现，城市市政建设重心开始从近郊向远郊转移，城市进入主动郊区化阶段，市民对近郊的居住认同度提高，此时近郊的土地升值最快，远郊土地价值开始步入快车道
在 70% 以上时	城市进入远郊发展和老城改造阶段，远郊和老城区的土地升值最快

4 指标 4. 市场公平情况

判断城市机会不可遗漏的是土地市场的公平性，各家开发商是否都需要通过公开的招拍挂取得土地。

五 项目地段选择流程

房地产开发项目的地段选择，可以从五个方面来把握：认识开发项目地段的影响因素、识别有增值潜力的地块、对拟开发地块进行可行性分析、对开发地块进行成本收益分析和选择最优方案。

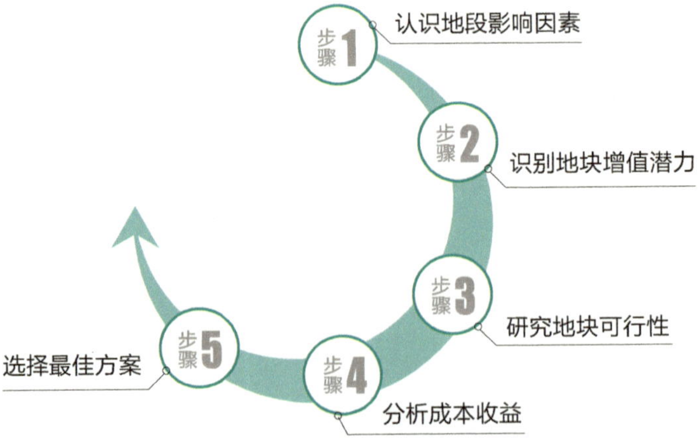

图 3-19 开发地段选择流程

1 步骤 1. 认识地段影响因素

房地产投资地段的影响因素很多，不同的地段的影响因素不一样，影响程度也不相同。地段的常见影响因素如下。

（1）市场供需行情

一宗地块的好差，总是体现在需求上。需求大供给量少，地价就攀升，地块就容易出手，房地产投资商也就可以获得较高投资回报；如果一宗地块需求趋少，则该地块价格就趋低，房地产投资回报相对较低。

（2）地块的自然条件

地块的自然条件涵盖如下内容：地块与市中心的距离、地块的地质条件（原生地、回填地、开挖地）、地形地势、土地面积、地块形状、日照、风向、是否在雷区、地质灾害（滑坡、泥石流）。

表 3-14：地块自然条件影响因素

影响因素	地位及作用	举例说明
地块与市中心的距离	影响房地产投资地段的主要因素	一般来讲，地块越接近市中心，交通越方便，基础设施越完备，地价越高，越容易出手，同时竞争也越激烈，对投资者的资金要求也越严格。距城市中心越远，基础设施不完善，地价越低。实现增值的时间越长，越不易销售，同时地价也越低
地块地质条件	影响地块价格的重要因素	原生地地质条件较好，地质承载力大，建设费用就省；如是回填地块，地下地质条件复杂，基础处理费用较大
地块地形地势	地块的规划和布局、地块内的景观效果、土地的利用效果影响建设费用	一般来讲，地势低洼、地形地势变化太大，地块里边沟壑太多，不好规划；而地势较高、相对平坦的地块，越好规划，也越出效果
土地面积	影响地块使用效果	在繁华的市区，地块越大，则越是好的投资地块
地块形状	影响地块使用效果	对于处于市区，有门面需求的地块，临街面越长越好；对于紧邻高速路、铁路的地块，临高速路、铁路越长则越不好
日照	对不同项目影响不同	如开发住宅片区，周边是高大建筑群，日照很少则不利于销售。但对于商业，在炎热的地区，日照少的街道则会积聚更多人气
风向	上风地段是好的投资地段，下风地段是差的投资地段	
雷区	开发地产项目需要避开雷区	
自然灾害	开发地产项目需要避开自然灾害频发区	

（3）地块的社会条件

地块的社会条件包括城市附近的基础设施状况、周边地块的土地属性、附近开发楼盘的档次、社会治安情况等。

表 3-15：地块社会条件影响因素

影响因素	作用	举例说明
城市基础设施状况	城市基础设施齐全，开发后见效快，业主生活、出行便捷	—
地块周边土地属性	决定地块价值	如果某住宅规划用地附近有化工厂的话，则这块住宅用地不是一个好的投资地段
附近开发楼盘档次	影响地块价值	如果某地块靠近一大型高档住宅小区，或地段附近靠近大型商场，生意兴隆，顾客盈门，地块价值就大
社会治安情况	直接影响房屋销售	如果某一地区经常发生盗窃、抢劫、吸毒、杀人案件，则导致房屋销量差

（4）地段的环境条件

地块的环境条件包括空气污染程度、噪音大小、绿化程度、视觉效果、清洁程度等。

空气污染严重的地区，人们不愿意到那里生活和工作。

噪音大小对人的情绪以及人的健康程度都有影响，噪音太大的地区，人们都不愿意居住，不愿意逗留。

绿化程度越好，生活环境越好，地块越受欢迎。靠近公园、绿地、森林的地块是好的投资地块。

视觉效果好的地块，人们是比较喜欢的。视角效果差的地块，如洼地给人不愉快的感觉。视觉效果影响因素包括：拟建小区的平面布局、外立面效果、园林绿化效果等。

干净的地块，是指拟用地块给人舒适的感觉，人的感觉越好，越愿意投资。

（5）地段的城市规划

城市规划影响因素有 5 类：土地用途、容积率、覆盖率、建筑高度、交通道路等。

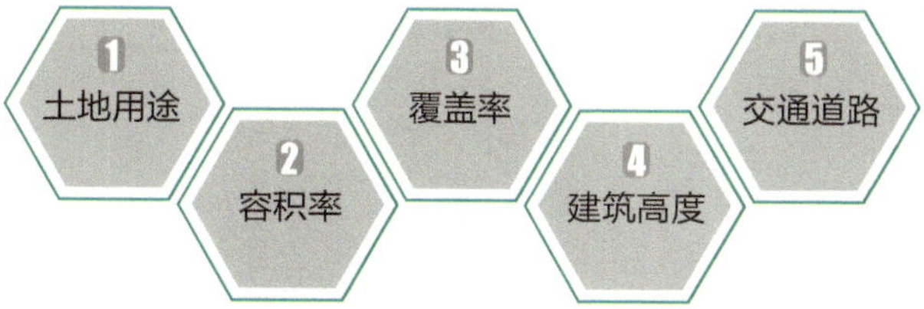

图 3-20 城市规划影响因素

土地用途

土地用途允许范围越大，越便于规划设计，越便于投资收益。土地用途改变的地块，是更好的投资地段。土地用途的改变，导致地块的升值。

容积率

容积率的大小直接决定建筑面积的大小。容积率小的地段，不易得到好的投资收益；容积率大的地段，越容易取得好的投资收益。

覆盖率

覆盖率越大，允许建造的建筑面积越大，越便于规划设计。

建筑高度

允许建筑高度越高，拟建造的层数越多，建筑面积越大，越有利于投资收益。

交通道路

地块越靠近交通规划道路，出行越便捷。

2 步骤 2. 识别地块增值潜力

分析完地段投资的影响因素之后，下一步就应该判断哪种地块、地段具有潜在的增值潜力。选择较好的投资地块，主要是看投资者的经济实力，好的地块，投资后增值空间大，同时资金需用量也大。待开发地块，需要独具慧眼，一旦看准，增值空间也非常巨大，同时风险也大。

进行房地产开发、投资，不外乎是对三种类型的地进行开发：未开发的土地、开发中的土地、已开发的土地。

图 3-21 三种类型土地

（1）未开发地块

在未开发的地块上进行投资，风险增大的同时利润也增大。如果城市扩展方向与拟投资地块相一致，则增值空间较大，反之亦然。

在未开发的土地上建设房屋，虽然土地价格便宜，建设费用也不比其他类地块贵，但建设中的配套资金却非常大。配套资金数额大主要体现在两个方面：一是裸地块的基础设施建设，特别是综合管网部分；二是地块相关配套的维护费用。

（2）开发中地块

是指完成了区域规划，具备基本的交通条件和水、电、气有保障，雨、污排放系统已形成，这类地块是有增值潜力的地块。在这种地块中开发，主要选择地块本身的地块质量和周边楼盘的档次，如周边均为高档楼盘，则这种楼盘增值潜力更大。

（3）已开发用地

是指土地已具备城市规模，这类土地常指旧城改造。在这种土地上进行开发，关键的是要把政府研究透，把政府有关旧城改造的法律、法规吃透，最大程度争取政府的优惠政策。如拆迁补偿、配套费、危旧房改造优惠政策等，这里有很多技巧，值得研究。这种地块是值得投资的。

3 步骤 3. 研究地块可行性

在地块未真正投资前，需要进行可行性研究。可行性分析主要解决能否投资这个地块，主要是从技术、成本、质量、执行容易程度、经济性和法律的角度进行判断，该分析是从开发商战略的角度进行的。

可行性研究的主要工作内容如下：

（1）认识地段问题

发现社会供求中存在的矛盾，是选择投资建设一个开发项目的重要前提，这一矛盾确定得是否得当、是否准确就成为一个工程项目投资是否成功的关键因素。投资地块决策最基本的前提是弄清地块所存在的问题，只有认识到存在的问题，才能合乎逻辑地去解决问题。

（2）明确地块开发目标

目标和问题是相关联的，在弄清地块中所存在的问题、社会需求之后，就应该提出满足这一需求的实施策略（开发、建设房地产项目）。为此，就需要根据市场情况提出有针对性的投资目标，包括所选择的投资项目的目标市场、对投资规模的初步计划、建设工期及希望的收益情况等。在实际问题中，多目标之间往往是矛盾冲突的，因此要对各目标之间的关系进行充分的分析。

（3）收集和分析数据

地块投资决策必须依赖一定的数据，收集数据是工程决策的一个关键问题，同时，所收集数据的准确性也将直接影响决策结果。在地块开发决策中，数据的一个重要来源是企业本身的财务系统，而国家的政策、市场的调研、技术的发展趋向、原料和能源的供应情况等都是工程决策数据的主要来源。

（4）策划（拟定）地块开发备选方案

为了作出决策就必须谋划拟定解决问题的各种方案。策划备选方案包括方案的提出和方案的筛选两个过程。方案的提出主要是由决策者与工程决策人员一起尽可能地考虑各种方案，作为备选方案。方案的筛选主要是在备选方案中排除掉一些不可行的或太敏感的方案，经过筛选后提出少数几个方案供详细分析研究。

（5）预测未来环境

地块投资项目决策都需要预测各种备选方案的后果，而每种方案的后果和将来付诸实践时所处的环境有关，因此，在评价备选方案之前首先就要对未来环境可能发生的变化作出准确预测。在投资地块工程决策中，需要对所开发产品相关的市场、房地产发展走势、技术趋势进行预测，还包括对产品需求与市场定位预测、原材料来源与供应预测及技术发展预测等。

（6）预估方案的结果

地块投资方案实施后可能取得的结果，是方案选择的最主要依据，即确定各方案以费用与收益利润形式表示的结果。

4 步骤 4. 分析成本收益

成本收益分析主要是从财务角度估算该地块是否值得投资。收益是按边际要求超过成本的原则进行分析，评价指标有：投资地块的财务净现值、折现现金流、内部收益率、投资收益、成功可能性和存在的约束条件和假设的现实性。

链接

确定判断方案优劣的准则

决策的主要任务就是从替代方案中进行选优。选优就必须确定一个判定方案好坏的准则或评价标准。

表 3-16：判断方案优劣的准则

条件		衡量标准
投入相等	资金和其他投入资源数量相等	使收益或其他产出最大
产出相等	收益和其他产出的数量相等	成本费用最小或其他投入最小
投入和产出均不等	资金和其他投入的数量、收益和其他产出的数量均不相等	可根据情况选择绝对效益评价准则或相对效益评价准则进行判断

5 步骤 5. 选择最佳方案

选定最适合的方案，即哪一个方案最符合选定标准。对于房地产开发项目，一般是以经济效益为主导选择原则。但由于在计算过程中可能存在对问题的简化，因此在方案选择过程中，还要根据决策者的经验及国家政策对方案所可能产生的其他效果加以考虑。

多地块选择，根据不同地块的利润、增值潜力、潜在客户群、生产力几方面指标进行评定。

六 地块研究的内容

土地开发价值直接决定了房地产开发的利润基础。土地的开发价值则取决于所在地块、地段及地块所在的城市发展情况。

地块研究的内容有：周边环境、内部现状、自然条件、规划要求、权属情况和拆迁情况。

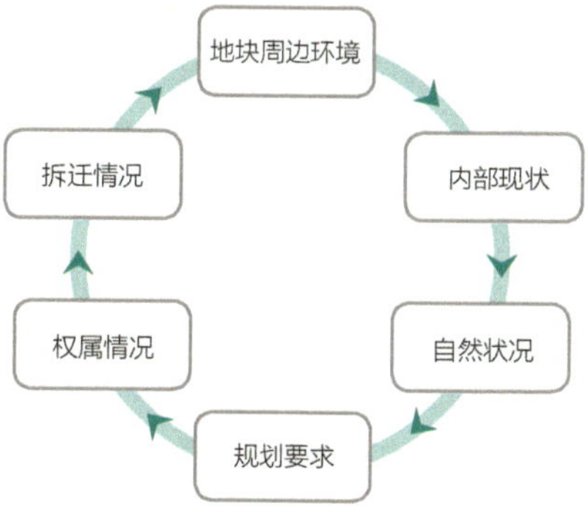

图 3-22 开发地块选择因素

1 周边环境

表 3-17：地块周边环境影响因素

要素	分析目的、内容及作用
道路交通	分析地块是否与城市道路相邻或相连，明确周围道路性质、等级、走向情况，估计道路的人流量、车流量和流向；场地出入口设置
	通过道路交通条件分析，为场地分区建筑物主要朝向、建筑物主要出入口确定提供重要信息资料
公共服务设施	公共服务设施主要包括商业购物、餐饮服务、文教卫生、金融办公等
	公共服务设施分布状况、完善程度、规模档次、质量水准不仅影响到未来居民的生活舒适度与出行活动规律，也是决定土地价值和利用方式的重要平衡条件
基础设施	基础设施条件，主要包括道路和供电、给水、排水、电信、燃气以及北方地区的供暖等管网线路设施，连同场地平整
	基础设施是房地产项目正常运营不可缺少的支撑条件
相邻地块建设状况	要勘察相邻地块内的建筑体量和位置，确定其是否对拟投资地块的日照、通风、消防、景观、安全、私密等方面构成影响
	要了解相邻地块基本的布局模式、基本形态特征、建筑处理手法以及与拟投资地块的边线间距，积累项目重要信息，以便在对拟建地块进行规划设计评估时，能够处理好与周边环境的关系
特殊城市元素	地块周边存在一些特殊的城市元素，将对地块未来开发价值有较大影响
	一些有利的城市元素包括地块附近临近城市公园、水系、公共绿地、广场、地下交通站点、知名自然景点和人文景观等。一些消极因素包括地块周边的传染病医院、殡葬馆等
地块景观	从地块不同位置、不同高度和视角观察到地块外部景观特征

2 内部现状

表 3-18：地块内部现状影响因素

要素	分析目的、内容及作用
地形和地势	研究地块高低落差、由落差产生的自然排水条件、地势对恶劣自然现象和自然灾害防御性等
现状建筑物和构筑物	勘查地块上有无建筑物、其他附着物，进一步了解附着物情况
地块内部基础设施	指地块内现有的道路、广场、桥涵，和给水、排水、供暖、供电、电信和燃气等管线工程等。特别要注意的是有关的变电所站、调压站、泵站等设施等常常附属有主干管线的重大市政设施，这类主要管线改造费用较大
地块空中条件	分析地块内部有无高压线设施，地块上方是否有高压线走廊、微波线路走廊掠过地块上空
地下文物	要详细了解地块所在区域的历史变迁，了解是否存在下方文物．如果存在地下文物，应该及时要求有关文物部门查勘。如果有重大历史价值，应该根据文物部门的意见采取对应措施，必要时还必须重新选择投资场地

3 自然条件

表 3-19：地块自然条件影响因素

要素	分析目的、内容及作用
工程地质条件	工程地质条件的好坏直接影响到建筑安全、投资成本和建设进度
	在投资研究阶段，应该了解地块有无冲沟、滑坡、崩塌、断层、岩溶、地裂缝、地面沉降等不良地质现象；了解是否有地下淤泥或软弱地基及其位置
水文地质条件	地下水对建筑物稳定性也有较大的影响，要评估城市地下水对地块投资的影响
抗震条件	抗震条件有两个分析指标，震级和地震烈度。震级是用以衡量地震发生时候的震源处释放能量的大小的标准，共分为 10 个等级；地震烈度是地震区域地面建筑物与设施遭受地震影响和破坏的强烈程度，共分 12 度

4 规划要求

地块规划要求包括用地性质、限高、容积率、用地红线、建筑红线、道路红线、建筑密度、建筑间距、绿地率、交通入口方位、车位配比、建筑风格、日照系数等内容。

链接

城市居住用地分类及代号表

表 3-20：城市居住用地分类及代号

类别代号		类别名称	范围
R		居住用地	居住小区、居住街坊、居住组团和单位生活区等各种类型的成片或零星用地
	R1	一类居住用地	市政公用设施齐全、布局完善、环境良好，以低层住宅为主的用地
	R2	二类居住用地	市政公用设施齐全、布局完善、环境较好，以多、中、高层住宅为主的用地
	R3	三类居住用地	市政公用设施比较齐全、布局不完善、环境一般，或住宅与工业等用地有混合交叉的用地
	R4	四类居住用地	以简陋住宅为主的用地

5 权属情况

土地权属问题主要出现在二手土地转让中。考察土地权属情况，要注意四个问题：

①《国有土地使用权出让合同》、《国有土地使用证》等土地取得手续是否完备，地价款支付凭证证明、完税证明、交易费用支付证明；

②剩余土地使用年限；

③土地使用权是否存在抵押、质押、担保情况；

④土地权属是否存在法律纠纷。

6 拆迁状况

摸清拆迁状况包括评估拆迁成本、预测拆迁进度、评估拆迁难易程度等工作。

七 获取土地的步骤

开发商获取土地前需要对地块所在的区域进行市场调查，分析该地块的发展前景和升值潜力；再根据土地管理部分的要求依法获取土地使用权，办理相关土地转让手续。

1 步骤1. 进行市场调查

市场调查包括分析区域土地和房地产市场、勘查地块、分析竞争对手等工作。

图 3-23 市场调研内容

通过市场调查，掌握区域的自然条件、现状、规划、人口发展等因素，收集区域的土地市场（包括区域的土地供应量、供应方式、地价情况、未来走势等）、区域的房地产市场（包括区域的房地产市场整体水平、供给、需求、客户、已开发和在开发或未开发的项目、价格等）资料，并对区域内或附近区域同类项目中典型的楼盘进行实地踏勘、分析比较。掌握区域的同类房地产价格及走势，从而大致确定出让地块所开发的房地产销售价格。

对地块现场、周边环境、景观等进行仔细认真的查勘，掌握地块规模、形状、地形地势、地质条件、临街情况、周边配套、交通状况等。初步测算土地的合理市场价格，并在此基础上进行初步的投资分析。

认真分析对手的重要性不言而喻。地产开发企业参加土地拍卖（招标）会，对手主要有：政府——土地的出让方；竞争者——想获取土地的其他开发商。

图 3-24 竞争对手分析对象

分析国土局的主要目的是为了准确预测地块的底价，做到心里有数。对国土局而言，最重要的是成功出让土地，其次是成交的地价不能明显低于市场价格，第三才是价格越高越好。因此，一般情况下，地块的基准地价（或公示市场地价）是拍卖（招标）土地的底价的重要参考指标。

竞争对手的出价是决定成交价的最终因素。事先可通过参加土地拍卖（招标）答疑会、媒体的报道等，了解有哪些竞争对手。然后再进一步了解他们的实力、企业发展风格等。

表 3-21：参加竞投（标）取得土地的开发商类型

企业类型	企业特点
以项目利润为目标的企业	此类开发商出价将重点考虑利润的因素，当地价过高，达不到预期利润目标，开发商会放弃加价
以企业发展为目标的企业	主要目的是获得土地，保证公司持续经营运作，或者是取得土地开发资质
大牌企业	制止其他开发商以过低的地价取得土地，对自己的项目形成威胁，同时，如果自己以理想的价位取得土地，也可以通过项目的开发获取利润

2 步骤 2. 明确土地获取方式

土地使用权获取方式主要有出让、划拨、转让三种方式。

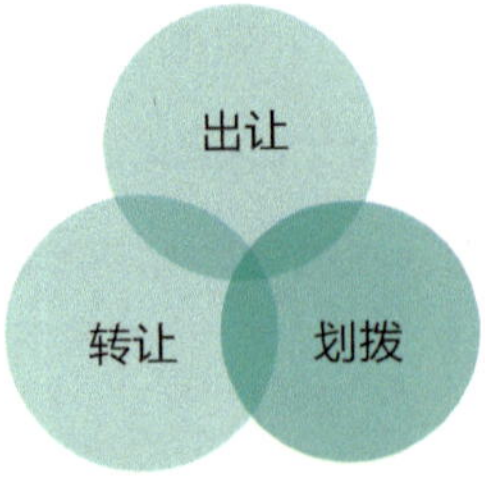

图 3-25 土地使用权三种获取方式

（1）以出让方式获取土地使用权

常用的获取土地使用权方式有两种，分别是招、拍、挂方式和协议出让方式。

图 3-26 土地出让的两种方式

出让土地使用权有年限要求，具体要求见下表。

表 3-22：不同类型土地出让年限

不同类型用地	年限
居住用地	70 年
工业用地	50 年
教育、科技、文化、卫生、体育用地	50 年
商业、旅游、娱乐用地	40 年
综合或者其他用地	50 年

以招、拍、挂的方式获取土地的条件

“招、拍、挂”分别是指土地招标、土地拍卖和土地挂牌。“招标、拍卖、挂牌”的出让方式对地块有具体的要求，符合条件的地块才能采用“招、拍、挂”出让方式。符合条件的地块是指：

①供应商业、旅游、娱乐、工业用地和商品住宅等各类经营性用地以及有竞争要求的工业用地；

②其他土地供地计划公布后一宗地有两个或者两个以上意向用地者的；

③划拨土地使用权改变用途，《国有土地划拨决定书》或法律、法规、行政规定等明确应当收回土地使用权，实行招标、拍卖、挂牌出让的；

④划拨土地使用权转让，《国有土地划拨决定书》或法律、法规、行政规定等明确应当收回土地使用权，实行招标、拍卖、挂牌出让的；

⑤出让土地使用权改变用途，《国有土地划拨决定书》或法律、法规、行政规定等明确应当收回土地使用权，实行招标、拍卖、挂牌出让的；

⑥法律、法规、行政规定明确应当招标、拍卖、挂牌出让的其他情形。

土地招标

土地招标出让国有土地使用权，是指市、县人民政府土地行政主管部门发布招标公告，邀请特定或者不特定的公民、法人和其他组织参加国有土地使用权投标，根据投标结果确定土地使用者的行为。

土地招标过程如下图：

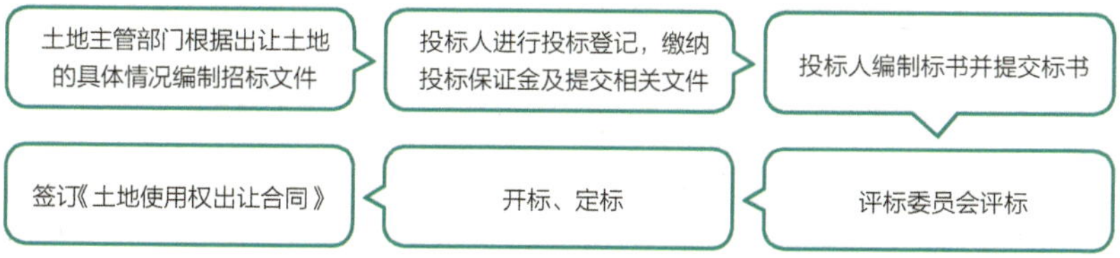

图 3-27 土地招标流程

招标要求：

公开招标的投标单位不能少于三家，如果少于三家则招标人应当停止开标。

在公开招标中，投标价格和开发商从业经验和实力是重要的评标因素。

土地拍卖

拍卖出让国有土地使用权，是指市、县人民政府土地行政主管部门发布拍卖公告，由竞买人在指定时间、地点进行公开竞价，根据出价结果确定土地使用者的行为。

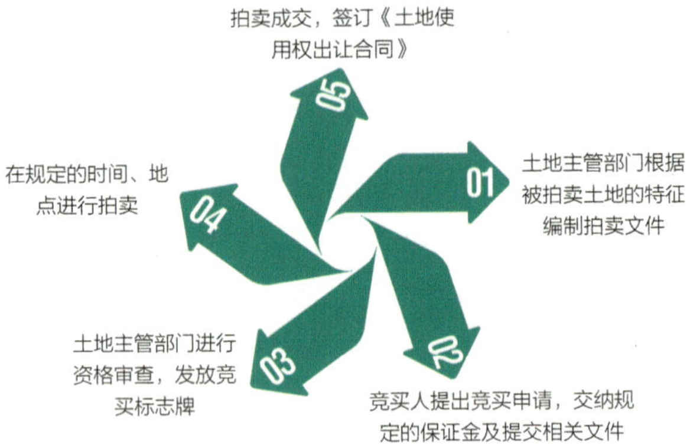

图 3-28 土地拍卖流程

拍卖要求：

参加的竞买人同样不能少于三人，否则应终止拍卖。

在拍卖中最终的成交价格必须高于拍卖方所制定的底价，否则也需终止拍卖。

土地挂牌

挂牌出让国有土地使用权，是指市、县人民政府土地行政主管部门发布挂牌公告，按公告规定的期限将拟出让宗地的交易条件在指定的土地交易场所挂牌公布，接受竞买人的报价申请并更新挂牌价格，根据挂牌期限截止时的出价结果确定土地使用者的行为。

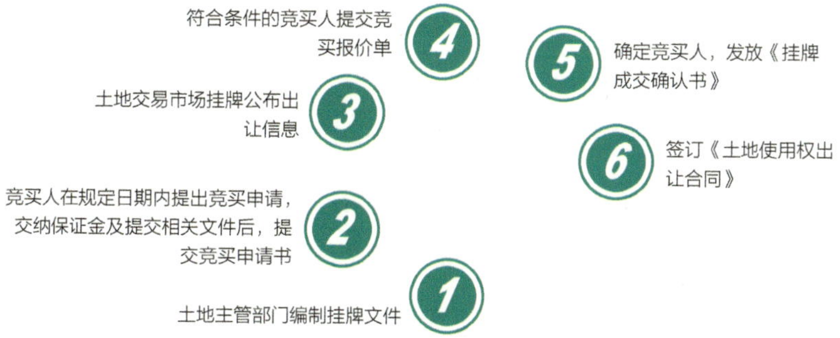

图 3-29 土地挂牌流程

挂牌要求有四点：

①在挂牌文件规定的挂牌起始日期，挂牌人应该将挂牌宗地的位置、面积、用途、使用年限、规划要求、起始价、增价规则、增价幅度等内容公布出来；

②在挂牌期限内竞买人可多次报价，如果在挂牌期限内只有一个竞买人，且报价不低于挂牌底价，并符合其他交易条件的，挂牌成交；在挂牌期限内有两个或两个以上竞买人报价的，报价最高者为竞得人；报价相同的，先提交报价单者为竞得人；

③在挂牌期限内无应价者或者竞买人的报价均低于底价或均不符合其他交易条件的，挂牌不成交；

④挂牌交易的挂牌期限不得少于十个工作日。

以协议出让方式获取土地

协议出让，是指土地使用权的有意受让人直接向国有土地的代表提出有偿使用土地的愿望，由国有土地的代表与有意受让人进行谈判，协商出让土地使用的有关事宜的一种出让方式。

它主要适用于工业项目、市政公益事业项目、非盈利项目及政府为调整经济结构、实施产业政策而需要给予扶持、优惠的项目。采取此方式出让土地使用权的出让金不得低于国家规定所确定的最低价。

采取协议出让方式获取国有土地使用权，主要包括以下情况：

①供应商业、旅游、娱乐和商品住宅、工业用地等各类经营性用地以外用途的土地，其

供地计划公布后同一宗地只有一个意向用地者的；

②原划拨、承租土地使用权申请办理协议出让，经依法批准，可以采取协议方式，但《国有土地计划决定书》、《国有土地租赁合同》、法律、法规、行政规定等明确应当收回土地使用权重新公开出让的除外；

③划拨土地使用权转让申请办理协议出让，经依法批准，可以采取协议方式，但《国有土地划拨决定书》、法律、法规、行政规定等明确应当收回土地使用权重新公开出让的除外；

④出让土地使用权人申请续期，经审查准予续期的，可以采用协议方式。

以协议方式出让土地使用权，没有引入竞争机制，不具有公开性，人为因素较多，因此对这种方式要加以必要限制，以免造成不公平竞争、以权谋私及国有资产流失。

（2）以划拨方式获取土地使用权

土地使用权划拨，是指县级以上人民政府依法批准，在土地使用者缴纳补偿、安置等费用后将该幅土地交付其使用，或者将土地使用权无偿交付给土地使用者使用的行为。即划拨土地使用权不需要使用者出钱购买土地使用权，而是经国家批准其无偿、无年限限制地使用国有土地，但取得划拨土地使用权的使用者依法应当缴纳土地使用税。

虽然以划拨方式取得土地使用权的，除法律、行政法规另有规定外，没有使用期限的限制，但如果存在以下两种情况，国家可以无偿收回划拨土地使用权，并可依法出让。无偿收回划拨土地使用权的，其地上建筑物和其他附着物归国家所有，但应根据实际情况给予适当补偿。

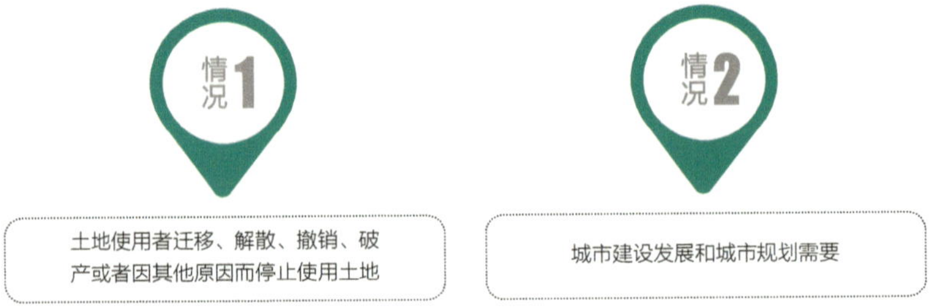

图 3-30 划拨土地依法收回的两种情况

以划拨方式取得国有土地使用权的情形有以下 4 种：

①国家机关用地和军事用地；

②城市基础设施用地和公益事业用地；

③国家重点扶持的能源、交通、水利等项目用地；

④法律、行政法规规定的其他用地。

以划拨方式取得土地使用权的，经主管部门登记、核实，由同级人民政府颁发土地使用权证。

（3）以转让方式获取土地使用权

土地使用权转让是指土地使用者将土地使用权再转移的行为，即土地使用者将土地使用权单独或者随同地上建筑物、其他附着物转移给他人的行为。原拥有土地使用权的一方称为转让人，接受土地使用权的一方称为受让人。转让方式包括出售、交换和赠与等。

土地使用者通过转让方式取得的土地使用权，其使用年限为土地使用权出让合同规定的使用年限减去原土地使用者已使用年限后的剩余年限。

收购项目获取土地是土地转让方式的一种，通过收购项目公司的股份以达到获得项目公司所拥有土地的使用权。收购项目公司这种操作模式具有明显的优缺点，见下图。

图 3-31 收购项目公司优缺点

3 步骤 3. 办理土地手续

《土地管理法》规定：任何单位和个人进行建设，需要使用土地的，必须依法申请使用国有土地，依法办理土地出让、转让手续，获得土地使用证明。

八 影响企业拿地因素

影响企业拿地的因素有两个，分别是行业因素和企业内部因素。

图 3-32 影响企业拿地的因素

1 影响拿地的行业因素

影响行业走势的因素众多，大体可以归纳为外部经济与政策和内部系统与各方。

国家系列土地政策的出台，既影响土地资源市场化进程，也改变着房地产企业格局。多方企业参与到房地产开发行列，土地争夺战越来越激烈。

图 3-33 影响企业拿地的行业因素

（1）外部经济与政策

影响行业走势的外部经济与政策因素，可以分为四个层面——产业政策、宏观政策、国内经济、国际经济，而且四个因素是相互影响的。

（2）内部系统与各方

参与房地产行业的主要各方有中央政府、地方政府、开发商、购房者和金融机构等，由此形成了土地市场、商品市场、货币信贷市场。

表 3-23：房地产行业主要参与方角色

参与方	角色
中央政府	宏观政策和产业政策的制定者和监督者
地方政府	土地市场的供方，保障房的供方，受到经济政绩的激励和地方财政的限制
开发商	土地市场的买方，商品市场的供方，位于产业链的中间环节，同时作为资金密集型产业，对金融机构的依赖性很强
购房者	商品市场的买方，保障房的买方
金融机构	为地方政府提供土地开发贷款，为开发商提供房地产开发贷款，为购房者提供住房抵押贷款

土地市场的考量因素包括土地供应量、土地供应结构、土地成交金额和价格。

商品市场的考量因素包括商品房供应量、供应结构和供应价格，商品房成交面积、成交结构和成交价格，以及商品房空置情况。

2 影响拿地的内部因素

影响企业拿地的内部因素包括企业战略、土地储备情况、资金情况、企业溢价能力。

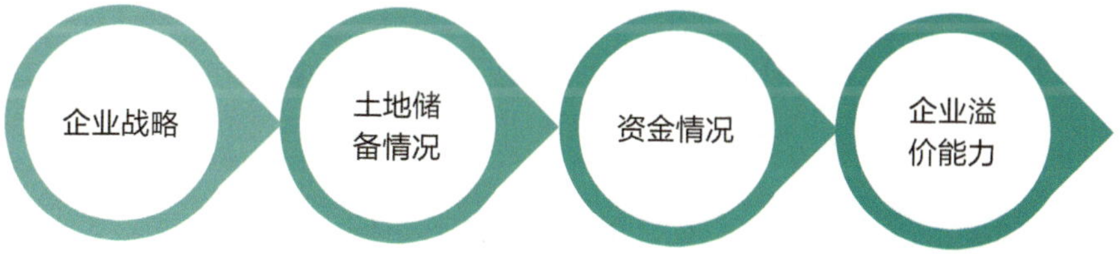

图 3-34 影响企业拿地内部因素

（1）企业战略

公司战略决定着企业拿地所进入的区域或城市，也影响着进入的区域或城市的市场占有率。

（2）土地储备情况

土地储备情况影响着企业拿地量，土地储备情况是指土地储备总量和土地储备结构。土地储备总量上是否充足，能否支持未来几年的可持续发展；土地储备结构上是否合理，是否一线、二线、三线、四线布局合理，是否市区、近郊、郊区分布合理，是否高端、改善、刚需有效组合等。

（3）资金情况

公司资金是否充足，募集资金的能力与成本如何也影响着企业拿地量。如果资金充足或过剩，募集资金能力强，而项目开发的预期收益率高于资金募集成本，那么增加项目土地储备可以增加公司利润，应该合理利用融资增加土地储备。

（4）溢价能力

公司在品牌、产品、营销等方面是否有高溢价能力决定着企业是否能获得土地。其中，政府关系也是公司实现土地向上溢价的一项重要资源。

九 地产企业常用的拿地方式

地产企业获得土地的方式有招、拍、挂、行政命令拿地和资本运作拿地。

图 3-35 房地产企业常用拿地方式

1 招标、拍卖、挂牌拿地

政策将土地推向市场，市场化的招、拍、挂已成为当今房地产开发企业获取土地的主要方式。

表 3-24: 招、拍、挂拿地方式

方式	主要内容	作用
招标	指在规定的期限内，由符合规定的单位或个人（受让人），以书面投标形式，竞投某块土地的使用权，土地使用权出让方评标决标，择优适用于政府工程建筑项目、集中采购招标，装饰装修工程等	招标可以控制地价飙升，进而在一定程度上抑制今后房价
拍卖	指在指定的时间、地点、利用公开场合由政府的代表者——土地行政主管部门主持拍卖指定地块的土地使用权，由拍卖主持人首先叫出底价，诸多的竞投者轮番报价，最后出最高价者取得土地使用权	拍卖是一种完全市场竞争的行为，但土地拍卖中的非理性倾向将会拉高房价
挂牌	在一定期限内将土地交易条件在土地交易机构进行公告，并接受交易申请的行为	介于招标和拍卖之间的一种弥补型方式，是一种调剂方式，是对各方关系的一种协调

2 行政命令拿地

房地产企业以行政命令拿地是房企承办或承接政府危改、企业改造、福利保障和基础设施建设等项目来获取土地使用权。土地使用权实现形式一般是行政划拨。

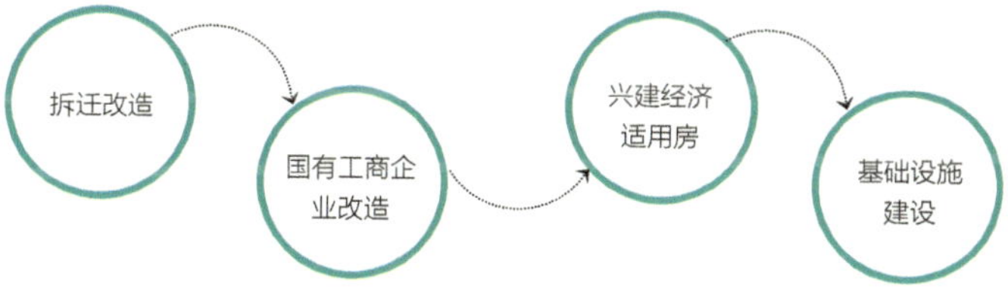

图 3-36 行政命令拿地的四种形式

（1）拆迁改造

大部分拆迁项目都是先划拨，后出让。拆迁项目里的回迁、政府配套设施、实物出租的部分就采取划拨的方式；而与政府合作参与土地拆迁、征地等整理部分则采取协议出让的方式，通过排他条件招拍挂获取土地。

(2)国有工商企业改造

地方政府一般采用协议出让的方式进行国有工商企业的改造。因为存在污染企业治理，扰民企业转型等一些特殊情况，没有办法把附带的一些条件（比如剩余劳动力的安置等）作为土地招标的条件，而且招标、拍卖的形式很难做。

(3)兴建经济适用房

经济适用住房的土地是政府以有计划的划拨方式提供的。经济适用住房在各个城市的招标并不是针对土地，大部分招标的是操作项目的法人。

(4)基础设施建设

地方政府需要进行基础设施建设，但因资金缺口大，就会给公路、铁路、轻轨等基础设施的管理部门和建设部门一些转换政策。利用变换土地转让的方式，吸引企业参与当地基础设施的建设与投资。作为回报，地方政府划拨一定量的土地由开发企业来进行土地市场一级运作。

3 资本运作拿地

资本运作拿地有两种表现形式：开发土地二级市场和进入资本市场。

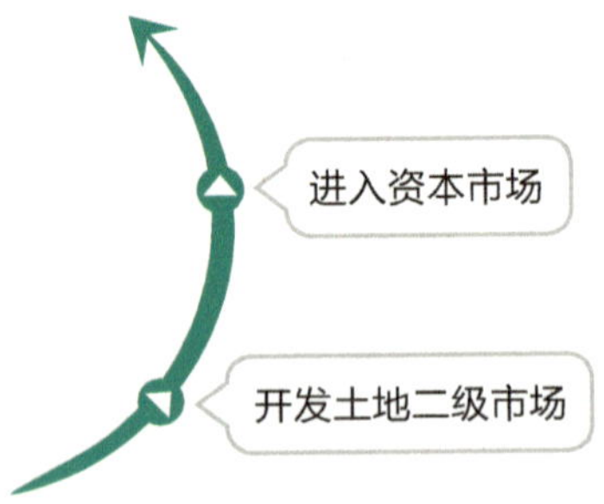

图 3-37 资本运作的两种表现形式

(1)开发土地二级市场

土地在缴纳了土地出让金之后，就可以合法地进行转让和买卖，不过这种转让行为有一定的前提条件，在符合这个前提条件之后，就变成一个土地二级市场的正常经营行为。这种经营行为是一个转让的过程。

（2）进入资本市场

在现有的市场中，原有的土地已经大量地保留在开发公司手里。没有土地的开发公司可以通过资本市场的渠道来获取土地。房地产公司通过资本市场获取土地资源的渠道和形式多种多样。

表 3-25：资本运作拿地方式

方式	操作特点
投资参股	有两种形式，包括资金入股和土地入股。用资金参与开发项目，或者用资金与土地互换，而各自形成股权
进行土地或企业收购	土地收购会改变土地权属，收购成本会在成交金额上增加 10%
	拥有资金的一方对拥有土地项目的公司进行收购，收购该公司的部分股权，形成一个公司股权的转让
土地置换	土地置换即用地换地，不同规划用途间的土地相互置换
企业合作	与拥有土地资源的企业合作、与拥有土地资源的项目合作
其他方式	开发商先承办政府的公益事业或市政工程，再间接拿地

第三节

土地获取相关表单

土地获取相关表单包括土地竞买相关表单、土地使用权转出让相关表单、地产企业拿地决策表单等。

一 土地竞买相关表单

1 开发商参与土地竞买流程

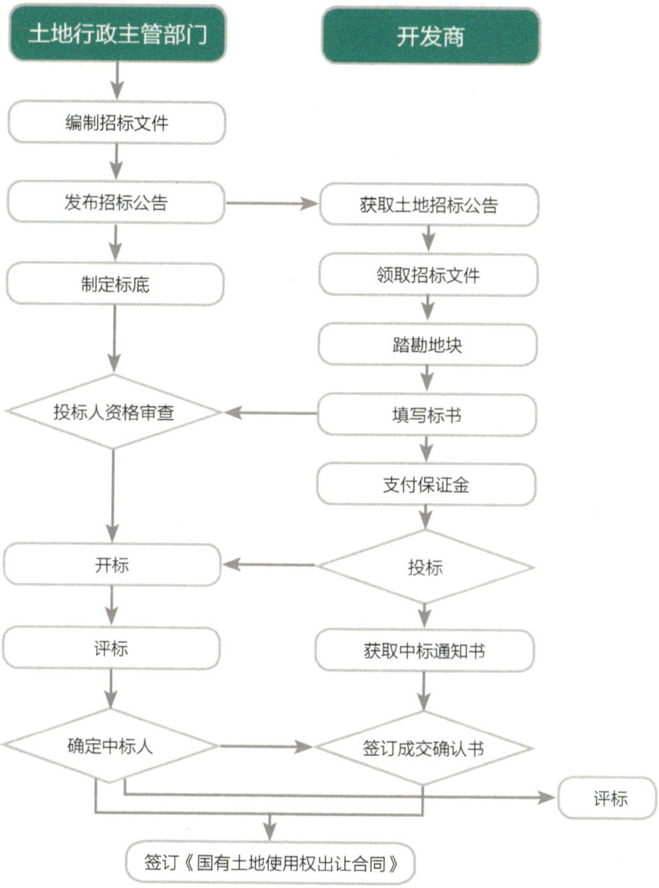

2 竞买标书申请书

××市国土资源和房屋管理局：

在切实遵守《中华人民共和国城市房地产管理法》、《中华人民共和国城镇国有土地使用权出让和转让暂行条例》、《招标拍卖挂牌出让国有土地使用权规定》前提下，我单位愿意按照《竞买须知》的规定参加本次土地使用权竞买，接受竞买文件的全部条款及要求。我（单位）愿意：

一、以土地出让（综合）价金 ×× 元 / 平方米，共计 ×× 万元（人民币大写：×× 万元），参与竞买地块土地使用权，土地面积约 ×× 平方米。我单位如获得该宗土地，同意以实际测量面积计算土地出让综合价金。

二、我单位承诺按下列时间支付出让综合价金。

三、我单位已按《竞买须知》规定，缴纳了保证金 ×× 万元，收据编号为 No：××。

四、我单位接受评标小组所做出的决定。

五、如果竞得，我单位同意与 ×× 市国土资源和房屋管理局签订《国有土地使用权出让合同》，并接受《国有土地使用权出让合同》的各项约定条款，并按我方承诺的期限支付土地出让综合价金。

投标者（盖章）：

法定代表人（签名）：

通讯地址：

电话：

传真：

3 竞买登记法人代表身份证明书

×× 同志，在我单位任 ×× 职务，系我单位法人代表，特此证明。

单位地址：

联系电话：

单位名称（公章）：

年　　月　　日

4 竞买地块委托书

兹委托 ×× 全权代表本人（或单位）参加在 ×× 地块的国有土地使用权竞买事宜。

委托人

姓名：

性别：

年龄：

工作单位或家庭住址：

联系人电话：

法人代表身份证号：

年　月　日（盖章）

委托代理人

姓名：

性别：

年龄：

工作单位或家庭住址：

联系人电话：

被委托人身份证号：

年　月　日（盖章）

二　土地使用权转出让相关表单

1 国有土地使用权投标申请书

市政府土地招标小组：

1. 经过实地踏勘，审阅市政府土地招标小组（以下简称招标小组）招标文件，我们愿意遵照《土地使用规划》的要求和招标文件的有关规定，并愿以 ×× 元人民币获得 ×× 号地块的使用权。

2. 本投标书如被采纳，我们愿在接到正式中标通知书后 ×× 天内动土，并根据投标文件的规定按时按质完成全部工程和按要求合理使用土地。

3. 我们在提交文本投标书的同时，提交银行开具的资信证明 / 担保书。本标书如能中标，则该资信证明 / 担保书即为我们的履约保证书。

4. 我们同意从投标之日起 180 天内保留此标，在此期限终止前的任何时间，我们受本投标书的约束并随时接受其内容。

5. 在正式合同签订及执行以前，本投标书连同由招标小组发出的其他招标文件，将作为政府和我们之间具有法律约束力的合同书。

6. 我们理解招标小组并不限于接受最高价标和可以接受其他任何投标书。

7. 投标书附件：

附件一：本单位注册证书（影印本）

附件二：本单位现状情况简介

附件三：本单位过去三年的年度经营报告与财务报告

附件四：规划设计方案

8. 我们收到了招标小组发出的招标文件的修正、补充文件：

补充文件一（名称）：

签收人：×× 签收日期

补充文件二（名称）：

签收人：×× 签收日期

补充文件三（名称）：

签收人：×× 签收日期

补充文件四（名称）：

签收人：×× 签收日期

投标单位名称（盖章）：

地址及电话：

投标单位负责人姓名、职务：

联系人姓名、职务：

年　月　日

2 土地使用权挂牌交易竞买申请书

×× 市土地交易中心：

经过认真审阅贵中心编制的 ×× 号公告地块的挂牌交易文件含补充须知，我们已明确知晓挂牌交易文件之条款。在实地踏勘该地块后，我们对挂牌交易文件内容和该地块土地现状无异议，愿意遵守该挂牌交易文件的要求和规定。

我们申请参加贵中心于 ×× 年 ×× 月 ×× 日 ×× 时至 ×× 年 ×× 月 ×× 日 ×× 时期间在 ×× 举行的地块土地使用权挂牌竞买。我们愿以 × 仟 × 佰 × 拾 × 万 × 仟 × 佰 × 拾元人民币的首期报价竞买该地块的国有土地使用权。

我们在提交本申请书的同时，已在规定期限内将履约保证金人民币 ×× 万元存入贵中心指定的账号。

我们承诺：如能竞买，在接到《成交确认书》之后，保证即时与委托人签订《国有土地使用权出让合同》（《国有土地使用权转让协议书》），并在规定的时间内付清全部成交价款。

在正式与委托人签订《国有土地使用权出让合同》（《国有土地使用权转让协议书》）之前，本申请书将作为委托人和贵中心与我们之间具有法律约束力的文件。

竞买申请人：（盖章）

法定代表人或委托代理人签名：

申请书填写日期：　　年　　月　　日

3 开发商办理国有土地出让金流程

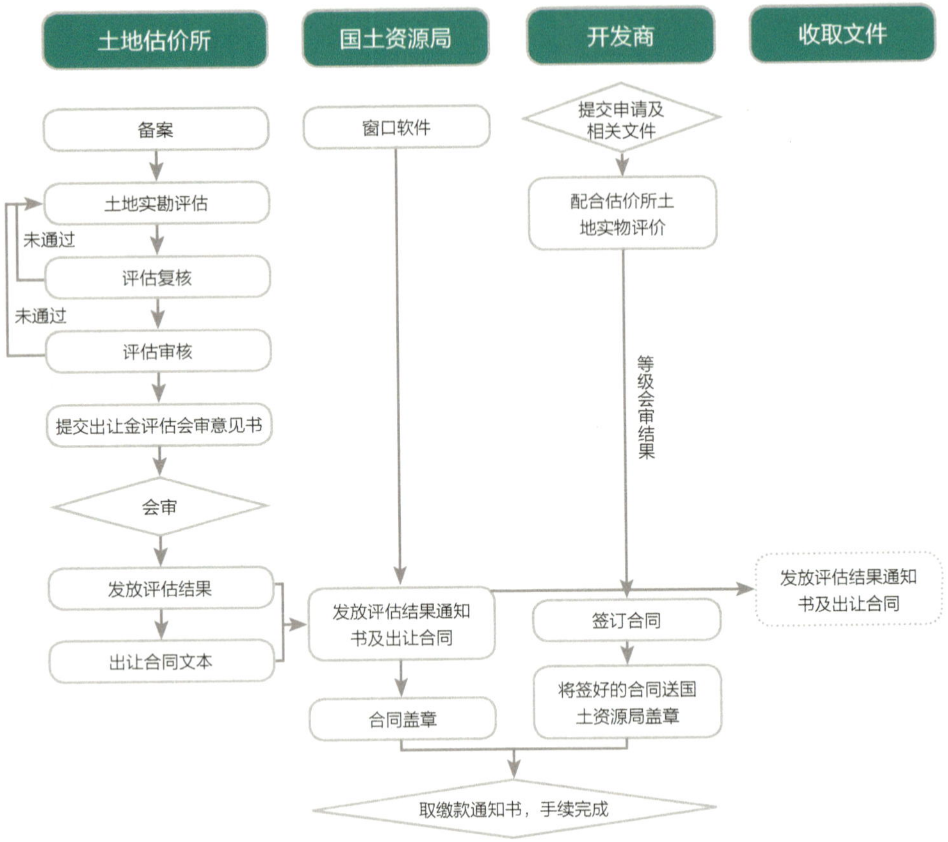

4 国有土地使用权挂牌出让报价单

XX 市土地交易中心：

我单位愿意以单价人民币 ×× 万元 / 亩（大写：××）总价人民币 ×× 元（大写：×× 万元），报价竞买 ×× 地块国有土地使用权，该地块土地总面积为平方米（该地块净用地面积和道路分摊用地面积以交地实际测量为准）。

至挂牌截止时间，我单位保留再次报价的权利。

报价单位：

年　月　日

报价时间：×× 年 ×× 月 ×× 日 ×× 时 ×× 分（由 ×× 市土地交易中心填写）

年　月　日

单位名称：

竞买申请书编号：

竞买宗地位置：

报价：人民币 × 亿 × 仟 × 佰 × 拾 × 万 × 仟 × 佰 × 拾元整（小写 ×× 元）

委托代理人签名：

委托代理人证号码：

报价日期及时间：

5 企业土地使用权转让合同

甲方（出让方）：A 公司

乙方（受让方）：B 公司

甲方已从市政府手中取得 ×× 区 ×× 亩土地使用权，为发展高新技术产业，促进经济发展，A 公司（简称甲方）将 ×× 工业园的 ×× 亩土地出让给 B 公司（简称乙方），该土地主要用于高新科技项目建设，为明确各自的权利和义务．双方本着平等、互利、自愿、有偿的原则，通过友好协商，达成如下条款，共同遵守执行。

第一条 宗地位置、面积及用途

1．宗地位置：位于 ×× 市（确切位置见附件中的规划红线图）。

2．宗地面积：总用地 ×× 亩，甲方在本合同签订后 10 日内提供有关地块图纸给乙方。

3．土地用途：主要用于 ××，经营范围为：

4．土地使用年限：×× 年。自颁发该地块的《国有土地使用证》之日起计算，配套设施建筑用地的使用年限按有关法律规定执行。期满土地使用权无条件归国家所有。

第二条 土地费用及支付方式

1. 土地按本规划要求平整后出让，×× 平方米土地出让价格为每亩人民币 ×× 万元（包含办理《国有土地使用证》等费用），总地价款为 ×× 万元。

2. 付款：分期支付，在本合同签订之日起，×× 亩土地的地价款在一年内分两次全部付清。第一次款项在本合同签订当日内，乙方向甲方支付首期地价款的20%，即人民币 ×× 万元。甲方在收到乙方首期地价款后 ×× 日内办妥《国有土地使用证》给乙方，乙方在 30 日内付清全部土地余款 ×× 万元整。

3. 乙方应在本合同规定的付款期限内，将本合同要求支付的款项汇入甲方指定的银行账户。

4. 甲方银行账户如有变更，应在变更后 10 日内，以书面形式通知乙方。由于甲方未及时通知而造成误期付款所引起的任何延迟收费，乙方均不承担违约责任。

第三条 土地使用权及其变更

1. 乙方依法取得《国有土地使用证》的土地，在使用期限内享有国家赋予土地使用者的一切合法权利。但取得《建设用地批准书》的土地不能用于抵押贷款。

2. 乙方转让地上建筑物和其他附着物所有权时，其使用范围内的土地使用权随之转让，本合同载明的权利、义务也随之转移。乙方应在转让合同签订后 60 日内，到房屋土地管理部门办理土地使用权、建筑物产权过户手续。

3. 乙方出租、转让、抵押房产和土地使用权时，乙方应履行本合同，租赁、抵押、转让合同的内容不得违背本合同中有关规定，乙方转让土地时，新的受让方须向甲方承诺执行本合同的有关规定。乙方在租赁、转让、抵押合同签订后 30 日内，到房屋土地管理部门办理登记手续。

4. 乙方须按照城市规划要求和本合同规定使用土地，用于 ×× 用途。乙方如需要改变土地用途和规划条件，应事先提出申请，经甲方和市规划管理部门审查批准后，按有关规定办理。

第四条 投资开发期限

乙方须在取得《国有土地使用证》或《建设用地批准书》后一年内动工开发，每年完成每期开发建设土地面积不少于 35%，由于办理各有关手续及配套设施未能及时提供等问题延误的，开发期相应顺延。乙方动工开发期限可以提前。

第五条 土地使用和规划条件

1. 规划要求：规划设计方案须符合环境保护、消防安全、文物保护、卫生防疫等有关法律、法规的规定，符合工业用地要求。

2. 定标与立界：出让地块根据标有坐标点的用地红线图，由测绘单位在地块各转点定桩、埋设混凝土界桩。乙方应采取有效措施，保证上述界桩或界石不被移动或遭受破坏。如果在土地使用期限内，界桩或界石被移动或破坏，乙方应立即书面向甲方提出报告，申请重新测定及立界。因丢失、损坏、移动界桩或界石而重新测量、设定界桩或界石所需费用均由乙方支付。

3. 市政基础设施要求：乙方在该地块内进行建设时，有关道路、用水、用电、用气、电信、排水及其他设施的工程须符合总体规划，与地块主干道、主管线相衔接，向有关部门办理申报手续后再行施工。

第六条 违约处罚

1. 乙方未按本合同的约定支付地价款，每延期一日按滞纳款项的万分之 × 向甲方缴付滞纳金，延期付款超过 ×× 日，甲方有权解除本合同，乙方已支付的地价款不得要求甲方返还。

2. 甲方未按本合同规定一年内办妥《国有土地使用证》交给乙方，每延期一日按地价款的万分之三向乙方支付违约金，延期超过 180 日，乙方有权解除本合同。并向甲方索回全部已付地价款。

3. 乙方不按本合同第四条规定的年限开发利用本合同项目下的土地，甲方有权将乙方未开发利用的部分土地另作安排使用。

第七条 法律责任

1. 本合同的订立、效力、解释、发行和争议的解决均适用中华人民共和国法律，受国家法律保护和管辖。

2. 双方均应按本合同履行各自的义务，自觉遵守国家及省有关法律规章。如发生纠纷，应协商解决，协商不成的，双方均可向土地所在地人民法院起诉。

3. 因不可抗力引起合同的全部或部分不能履行，按国家法律规定处理。但双方应在条件允许下采取一切必要的补救措施以减少不可抗力造成的损失。

第八条 附则

1. 本合同经双方法定代表人（或授权委托代理人）签字盖章后生效。

2. 本合同未尽事宜．双方可另定书面协议，作为本合同附件，与本合同同等效力。

3. 本合同正式合同一式四份，合同双方各两份；本合同副本三份，合同双方各一份，×× 市人民政府一份。

甲方：

法定代表人：

乙方：

法定代表人：

签约时间：　　年　　月　　日

签约地点：

6 报价承诺书

xx 市土地交易中心：

在切实遵守《中华人民共和国城市房地产管理法》《×× 市土地交易市场管理办法》《×× 规国土发［2002］×× 号）和《×× 市国有十地使用权挂牌交易规则》《×× 规国土发［2002］×× 号》等有关规定的前提下，经过实地勘察和测算，认真审阅竞买文件后，我们愿意按照竞买文件的规定参加编号 ×× 号地块竞买，接受竞买文件的全部条款及要求。我们承诺：

1. 以竞买价计人民币（大写）×× 元。（小写）￥×× 元，参加 ×× 号地块使用权竞买。

2. 在提交本承诺书的同时，已交纳了履约保证金。

履约保证金支票由 ×× 银行开出；

编号为 No.

履约保证金额为（大写）×× 元人民币。

3. 若成为中买人，在成交当日即缴纳成交价款的 50% 作为首期付款（不含履约保证金），余额部分在 30 日内付清（含履约保证金），特殊地块的付款要求以补充须知为准。待《建设用地规划许可证》、《建设工程规划许可证》文件下达及实测用地坐标确定后，根据规划条件，按实际测量面积以及商业（公建）、住宅用途的不同比例，以多退少补的形式一并结清土地出让金及收益金。

4. 已交的履约保证金和中买后的首付款（支票或汇票）在规定的期限全部兑现。若开出的转账支票或汇票在有效期内不能全部兑现的，本承诺书视为无效承诺书。不能在规定的时间内交清全部成交价款，×× 市土地交易中心可取消我们中买资格，履约保证金和首付款不予返还。

5. 若成为中买人，在签订正式《国有土地使用权出让合同》履行相关审批手续以前，本承诺书和 ×× 市土地交易中心签发的其他文件，为具有法律约束力的文件。

6. 自接到 ×× 市土地交易中心签发的《挂牌交易成交确认书》之日起 30 日内，与原土地使用权人签订《补偿协议》。

7. 在挂牌交易截止日，接受贵中心做出的中买决定。

竞买人（公章）：

法定代表人签名：

法定地址：

电话：

传真：

报价承诺书填写日期：　　年　　月　　日

7 房地产联营项目合同书

第一条 合作双方

甲方：

法定地址：

乙方：

法定地址：

为搞活经济，充分发挥各自优势，盘活甲方的国有资产，改善甲方的办公环境，配合××市旧城改造，在自愿、平等、互利的基础上，甲乙双方经充分协商，现就合作建设综合楼宇事宜达成如下协议，供双方共同遵守执行。

第二条 合作项目基本情况

2.1 合作项目位于××市××区××路××号。该地段上现有建筑物为甲方办公楼房和职工宿舍第×幢，土地使用权及房屋产权为甲方享有（国有土地使用权证号××，房地产权证号：××）。

2.2 项目总占地面积为××平方米，地块四至东至××，西至××，南至××，北至××（详见市规划局红线图）。

2.3 项目内容：项目建设规划为楼高九层的综合楼，其中地面上一至二层为裙楼，使用性质为商业铺面，占地面积为××平方米。三至九层为主楼，使用性质为办公楼，首层面积××平方米，每层建筑面积××平方米。地下室一层。项目总建筑面积为××平方米。其中商业铺面××平方米，办公楼××平方米，地下室××平方米（具体以规划部门批准文件为准）。

2.4 项目建设还包括与项目相配套的停车场、仓库、公共道路、消防、绿化等配套设施。

第三条 甲方的责任

3.1 提供建设项目的土地使用权，面积××平方米，并向有关部门办理建设用地批准书，及用地规划许可证。

3.2 负责办理项目的立项、规划、设计、报建、施工许可、确权及建筑施工用临时占道、用水、用电等手续。

3.3 负责办理项目地段上现有建筑物的拆迁手续。负责建筑物内现有办公场所、住户的搬迁、安置工作及其费用。

3.4 负责办理项目建设过程中所需要的其他一切手续及负责处理与政府各部门的关系。

3.5 负责办理甲方主管单位同意其与乙方合作建设该项目的批准文件。

3.6 负责办理乙方分得楼宇面积的房产证，费用由乙方承担。

3.7 承担项目土地需补交的历史遗留问题的相关费用。

3.8 承担甲方固定资产投资调节税。

第四条 乙方的责任

4.1 负责项目建设所需资金的投资，包括项目设计、建筑安装、装修、水电安装以及项目配套设施建设所需费用的投资。

4.2 负责对项目地段上现有建筑物进行拆除。

4.3 负责安排合法的施工单位对项目工程的建筑、安装、装修。具体装修标准为：室内白灰白挡，室外按设计图纸施工。

4.4 负责对项目设计图纸的审定。

第五条 资金投入的时间及投资总额的确认

5.1 乙方视项目建设进度实际需要分期分批投放项目建设资金。

5.2 政府部门批准本项目建设时，由双方共同对整个项目建设所需资金进行预算。项目建设完成后，再由双方在预算基础上共同对项目建设的全部费用进行结算确认。双方确认的结算费用即为乙方投资总额。

第六条 利益分配

6.1 本项目建成后，由甲方和乙方按项目总建筑面积（包括公用设施及公用建筑面积的分摊部分）的 4:6 进行楼宇分配，即甲方占 40%，乙方占 60%。

6.2 楼宇分配办法为：根据 4:6 分配比例，项目楼宇地下室及地面上一至二层铺面按项目楼宇立面垂直分配，楼宇西边归甲方，楼宇东边归乙方。第三层以上部分，三至六层（共四层）归乙方所有，七至九层（共三层）归甲方所有。

6.3 若项目建设超过九层，超过部分楼宇建筑面积由甲乙双方按 2 ∶ 8 比例分配，即甲方占 20%，乙方占 80%，并按照垂直分配办法分配，楼宇东边为甲方所有，楼宇西边为乙方享有（或甲方占上部 20% 楼层，乙方占下部 80% 楼层）。

6.4 对乙方分配得到的楼宇，甲方应在楼宇竣工后一年内为乙方办妥楼宇的过户登记手续，为乙方办理房屋产权证，所需相关费用由乙方承担。

6.5 项目建设需向政府部门缴交地价款时，则由甲乙双方按照楼宇分配的比例进行分担。

6.6 任何一方如要对其分享的楼宇对外销售，所需销售费用（包括销售税费）全部由各方承担，销售收入全部归各方所有。

第七条 项目建设工期

7.1 本项目九层建设工期为 12 个月，即乙方应在 12 个月内完成项目建设，并交付甲方验收、使用。超过九层每增加一层工期增加一个月。

7.2 本项目建设工期自政府批准项目建设、完成拆除项目地段现有建筑物及甲方与施工单位签订《建筑工程承包合同》领取施工许可证之日起计算。

第八条 违约责任

8.1 双方必须严格履行本合同约定的条款，任何一方违约造成对方经济损失时，违约一方应赔偿对方的经济损失。

8.2 建设项目在上级主管及政府部门批准后至乙方投入建设资金前，任何一方违约，须向对方支付违约金人民币 300 万元整。

8.3 项目建设被政府部门批准及乙方投入建设资金后，如甲方违约，除应退还乙方投入的资金外，还应按乙方投入资金的 30% 支付乙方违约金。同时还应赔偿损失。

8.4 乙方逾期完成项目建设时，每逾期一日，则按甲方分得楼宇面积的造价每日万分之二支付甲方违约金。但因甲方原因或不可抗力原因造成项目建设逾期时，则免除乙方的本项责任。

8.5 项目建成后，甲方拒绝将乙方依据本合同约定分得的楼宇（包括铺面和办公楼宇，下同）交付乙方使用时或拒绝协助乙方办理楼宇租赁、买卖手续致使楼宇无法出租、买卖、使用，乙方有权自行解除本合同，甲方除应退还乙方的全部投资款外，还应按乙方实际投资的50%支付违约金。

第九条 合同的变更和终止

9.1 双方协商一致时，可以变更本合同。

9.2 任何一方订立本合同后合并的，由合并后的法人或者其他组织行使本合同权利，履行本合同义务。任何一方订立本合同后分立的，由分立的法人或者其他组织对本合同的权利和义务享有连带权利，承担连带义务。

9.3 有下列情况之一的，本合同的权利义务终止：

（1）本合同已经按照约定履行完毕；

（2）本合同依法解除。

9.4 双方协商一致时，可以解除本合同。此外，当本合同第八条第 8.5 项情形出现时，乙方可单方解除本合同，并追究甲方的违约责任。

9.5 有下列情形之一的，可以解除本合同：

（1）因不可抗力致使不能实现本合同的；

（2）一方明确表示或者以自己的行为表明不履行本合同主要义务的，另一方可以解除本合同；

（3）一方迟延履行合同主要义务，经催告后在合理期限内仍未履行的．另一方可以解除本合同；

（4）一方迟延履行合同义务或者有其他违约行为致使不能实现本合同目的的，另一方可以解除本合同。

9.6 一方依照本合同第八条第 8.5 项、第九条第 9.5 项的约定主张解除合同的，应通知对方。合同自通知到达对方时解除。

9.7 合同解除后，有过错的一方应赔偿无过错一方的经济损失，并应按本合同约定支付另一方违约金。

第十条 合同争议的解决方式

10.1 本合同在履行中如发生争议，双方应本着互谅互让的原则协商解决。

10.2 双方对争议协商不成时，任何一方均可向法院诉讼。

第十一条 其他

本合同如有未尽事宜，双方可协商签订补充协议。补充协议为本合同附件，与本合同具有同等效力。

第十二条 本合同自双方签字盖章之日起生效。

第十三条 本合同一式四份，双方各执两份。

甲方：

法人代表签字：

乙方：

法人代表签字：

签订日期：　　年　　月　　日

签约地点：

三 地产企业拿地决策表单

1 土地项目信息登记表

土地信息调查表（1）

项目名称：			调查人：	调查时间：
土地性质：	商业用地□ 综合用地□ 住宅用地□ 工业用地□ 其他用地□			
调查板块	具体内容			
区位	城市：	行政区：	板块：	商圈：
	东至：	宽度：	级别：高速公路□ 一级公路□ 二级公路□ 三级公路□ 四级公路□	不利影响：
	南至：	宽度：	级别：高速公路□ 一级公路□ 二级公路□ 三级公路□ 四级公路□	不利影响：
	西至：	宽度：	级别：高速公路□ 一级公路□ 二级公路□ 三级公路□ 四级公路□	不利影响：
	北至：	宽度：	级别：高速公路□ 一级公路□ 二级公路□ 三级公路□ 四级公路□	不利影响：
规划道路	外部道路：			
	名称：	实施时间：		建成时间：
	名称：	实施时间：		建成时间：
	名称：	实施时间：		建成时间：
	名称：	实施时间：		建成时间：
	内部道路：有□ 无□			
	名称：	宽度：	级别：一级公路□ 二级公路□ 三级公路□ 四级公路□	
	名称：	宽度：	级别：一级公路□ 二级公路□ 三级公路□ 四级公路□	
	名称：	宽度：	级别：一级公路□ 二级公路□ 三级公路□ 四级公路□	

规划指标	占地面积： m^2	代征地面积： m^2	净地面积： m^2	土地用途：	
	容积率：	绿地率：	建筑密度：	建筑限高： m	
	日照限制：	车位配比：			
	计容积率建筑面积： m^2	可售面积： m^2	住宅可售面积： m^2		
			非住宅可售面积： m^2	办公楼： m^2	
				商业： m^2	
				车库（不含地下）： m^2	
		不可售面积： m^2			
	不计容积率建筑面积： m^2	可售面积： m^2			
		不可售面积： m^2			
	总建筑面积： m^2	总可售面积： m^2	总不可售面积： m^2	非住宅可售面积占总可售面积比： %	
	90/70 要求：有□ 无□	是否长线项目：是□ 否□	预计开发周期： 年		
	配套要求：				
	其他规划要求：				
地价	起拍总价： 万元	起拍亩单价： 万元 / 亩	起拍楼面单价： 元 /m^2		
	预计总价： 万元	预计亩单价： 万元 / 亩	预计楼面单价： 元 /m^2		
	预计涨幅： %				
	付款条件及比例：				
	相似项目名称：	总建筑面积： 万平方米	总地价：亿元	楼面单价：元 /m^2	竞得时间：
	相似项目名称：	总建筑面积： 万平方米	总地价：亿元	楼面单价：元 /m^2	竞得时间：
	相似项目名称：	总建筑面积： 万平方米	总地价：亿元	楼面单价：元 /m^2	竞得时间：
是否涉及拆迁 是□ 否□	现状建筑物：		拆迁规模：		
	拆迁人：		拆迁费用：		
	交地日期及条件：				
环境评估	调查机关：		实施调查时间：		
	调查结果：				
	处理方案：				
重要时间节点	公告日期：	交保证金时间：	交保证金金额：	报名日期：	
	挂牌 / 竞拍日期：		预计总价是否超过限制：是□ 否□		
	预计立项会日期：		预计决策会日期：		

土地信息调查表（2）

项目名称：					调查人：	调查时间：
调查板块	具体内容					
地块特征	地质：					
	水文状况：					
	地形：					
	其他限制因素：					
地块周边环境	农地	有□ 无□	名称：	规模：	距离项目： m	开发是否受限：
	水资源	有□ 无□	名称：	规模：	距离项目： m	开发是否受限：
	机场	有□ 无□	名称：	规模：	距离项目： m	开发是否受限：
	树木	有□ 无□	名称：	规模：	距离项目： m	开发是否受限：
	高压线	有□ 无□	名称：	规模：	距离项目： m	能否入地或迁移： 可□ 不可□ 相关费用：
	输油 / 气管道	有□ 无□	名称：	规模：	距离项目： m	能否入地或迁移： 可□ 不可□ 相关费用：
	历史古迹	有□ 无□	名称：	规模：	距离项目： m	能否入地或迁移： 可□ 不可□ 相关费用：
	火葬场 / 坟墓	有□ 无□	名称：	规模：	距离项目： m	能否入地或迁移： 可□ 不可□ 相关费用：
	垃圾处理站	有□ 无□	名称：	规模：	距离项目： m	能否入地或迁移： 可□ 不可□ 相关费用：
	其他	有□ 无□	名称：	规模：	距离项目： m	开发是否受限：

周边配套及规划	学校	名称	等级说明（招商容量、范围等）	距离	补充说明及评价
	医院				
	商业设施				
	休闲娱乐				
	交通	名称	方向	站点距离	
	公交线路				
	轨道交通				
	快速路				

周边产业	主要企业：
	企业数量、行业、规模等：
	产业人群、数量、收入情况等：
	其他：

周边楼盘	在售（含已售）	名称	距离	开发商及规模	产品类型	装修	价格	去化情况
	未售（含地块）	名称	距离	开发商及规模	产品类型	装修	价格	去化情况

所带附件	1. 地块现状图□ 2. 控规图□ 3. 周边环境及分布图□ 4. 待拆建筑物图□ 5. 市政配套图□ 6. 周边配套图□ 7. 周边楼盘分布图□ 8. 其他

2 出让公告地块调查或推荐表

To: From: 日期： 回复：
公告地块简述：
投资部初步判断意见：
领导批示意见：

3 投资估算表

序号	内容	A 项目	单价（元 / m²）	建筑面积（元 / m²）	投资总额（万元）	B 项目	单价（元 / m²）	建筑面积（元 / m²）	投资总额（万元）
一	土地费用								
1.1	土地费								
1.2	拆迁补偿费								
1.3	土地契税								
二	前期费用								
2.1	前期工程费								
2.2	基础设施费								
三	建筑安装费								
3.1	建筑安装费								
3.2	大配套费								
3.3	配套费								
3.4	不可预见费								
	小计								
四	三项费用								
4.1	营销费用								
4.2	管理费用								
4.3	财务费用								
	小计								
五	总投资								

4 利润分析表

序号	内容	A 项目	金额（万元）	B 项目	金额（万元）	备注
一	销售收入					
二	总投资					不含项目流动资金
三	销售税金及附加					销售收入的5.55%
四	税前利润					
五	所得税					
六	土地增值税					销售收入的1%
七	税后利润					
八	投资利润率					（税前利润＋销售税金）/总投资
九	总投资利润率					税后利润/总投资

5 现金流量表

序号	项目	年				年			
		Q1	Q2	Q3	Q4	Q1	Q2	Q3	Q4
一	现金流入								
1	销售收入								
	流入小计								
二	现金流出								
1	土地出让金								
2	动拆迁补偿费								
3	土地契税								
4	绿地代拆费								
5	前期费用								
6	建安费用								

序号	项目	年				年			
		Q1	Q2	Q3	Q4	Q1	Q2	Q3	Q4
7	基础设施费								
8	期间费用								
9	不可预见费								
10	销售费用营业税及附加								
11	实际缴纳所得税								
	流出小计								
三	净现金流量								
四	累计现金流量								
五	内部收益率								
六	NPV								
七	投资回收期								
八	季度收益率								
九	盈亏平衡销售率								

6 初步投资分析简报

地块名称		日期	
项目概况（详见附页）:			
投资部初步判断意见:			
领导批示意见:			

7 预可行性研究报告评审表

项目名称	
项目概要	
评审意见	
	评审人员签名 日期:

副总经理审核意见:

签名 / 日期:

总经理审核意见:

签名 / 日期:

董事长审核意见:

签名 / 日期:

备注:

8 土地项目验证记录表

项目名称					
土地出让方 / 转让方名称					
地址		负责人		电话	
评审意见 签名 / 日期					
评价结论及评审人员签名： 评审日期：					
副总经理审核意见： 签名 / 日期					
总经理审核意见： 签名 / 日期					
备注：					

9 土地获得标书评审表

项目名称					
土地出让方					
地址		负责人		电话	

评审意见

签名 / 日期

评价结论及评审人员签名：

评审日期：

副总经理审核意见：

签名 / 日期

总经理审核意见：

签名 / 日期

备注：

10 合同会签单

合同主题		项目名称	
合同标的		经办部门	
签订合同单位		填报日期	

情况说明：

经办人：

部门经理：

业务拓展部：

副总经理：

总经理：

董事长：

备注：